Belgique Bruxelles
PROMENADE CLASSIQUE

ベルギー・ブリュッセル
クラシックな街歩き

auk：赤木真弓　佐々木素子

はじめに

　年齢と誕生月が同じ、ショッピングやおいしいもの、何より旅が好きと共通点の多い私たちが、旅にまつわる本を作ろうと「auk（オーク）」というユニットを結成したのが2008年。最初の旅で訪れた街のひとつが、ベルギーのブリュッセルでした。
　初めて訪れたときの印象は、クラシックな街並みがパリに似ているということ。それもそのはず、ブリュッセルはパリを参考に整備された街。世界一美しい広場として有名なグランプラスをはじめとする景観の美しさには、感動を覚えるほどです。

　何度も訪れるうちに知ったこともたくさんあります。現在の行政は北のフランダース、南のワロン、そしてブリュッセルの3つに分かれ、ブリュッセルは地理的にはフランダースに位置するという複雑な仕組みになっていること。またそれぞれ言語や文化が違い、フランダース地方ではオランダ語、ワロン地方ではフランス語を話すため、首都のブリュッセルではその両方が使われていること……。

　それはさておき、この本ではブリュッセルの街並みや食、街のあちこちで見られるアール・ヌーヴォー建築、そして暮らしについてご紹介します。私たちが感じたブリュッセルの魅力が、みなさまにも伝わりますように。

Table des matières 目次

Part-1   ブリュッセルを歩く   008
         グランプラス＆イロサクレ地区
         グランサブロン＆マロル地区
         ルイーズ＆シャトラン地区
         ダンサール＆サンカトリーヌ地区
         芸術の丘
         EU地区

Part-2   ブリュッセルを食べる   070
         伝統料理／フリッツ／ビール／チーズ
         チョコレート／ワッフル／スイーツ

Part-3   アール・ヌーヴォーを観る   108
         オルタ邸／アノン邸
         コーシー邸／タッセル邸／ソルヴェイ邸
         ポール・アンカーの自邸
         街で出合えるアール・ヌーヴォー

Part-4   ブリュッセルの暮らし   124
         マギーさんの過ごし方
         インタビュー集「私はブリュッセルが好き」
         ブリュッセロワお気に入り、地元で愛されるとっておきの場所

コラム
         BOCHの食器   034
         足を延ばして行きたい美術館   068
         漫画アートと美術館   104
         メトロ構内ギャラリー   122

Map ブリュッセル市街地

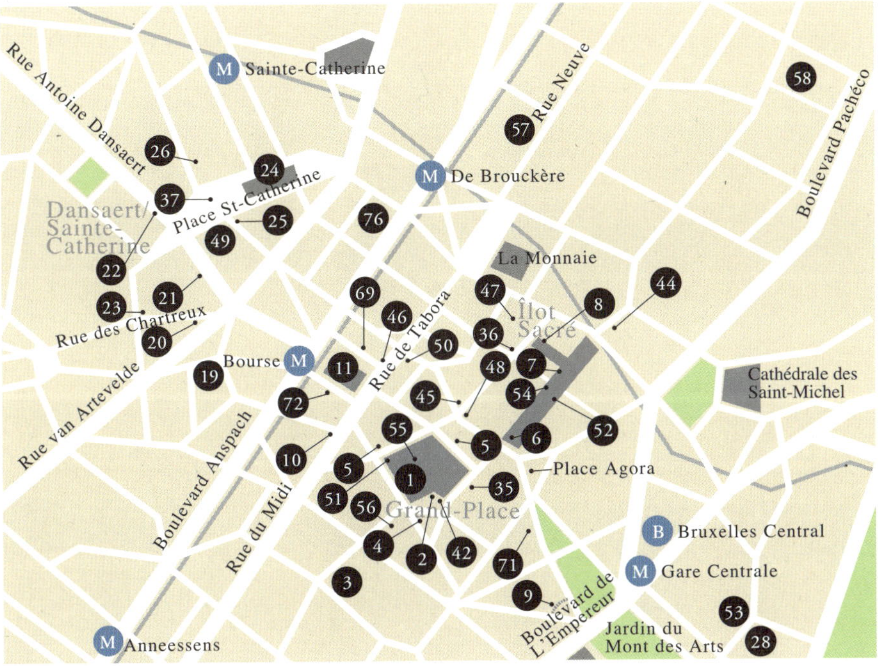

ベルギー基本情報

正式名称：ベルギー王国

国土面積：約3万159km²（四国の約1.7倍）

人　　口：約1079万人

首　　都：ブリュッセル

通　　貨：ユーロ

国 番 号：32

言　　語：フランス語、オランダ語。
　　　　　ドイツ国境付近ではドイツ語。

国　　旗：ブラバン公爵家のライオンの
　　　　　旗に用いられた黒、黄色、赤が
　　　　　元になっている。

※ブリュッセルには、EU（欧州連合）と
　NATO（北大西洋条約機構）の本部がある

※離婚率世界ナンバー1

※人気のあるスポーツはサッカー

※同性同士で婚姻できる

Map ブリュッセル市街地

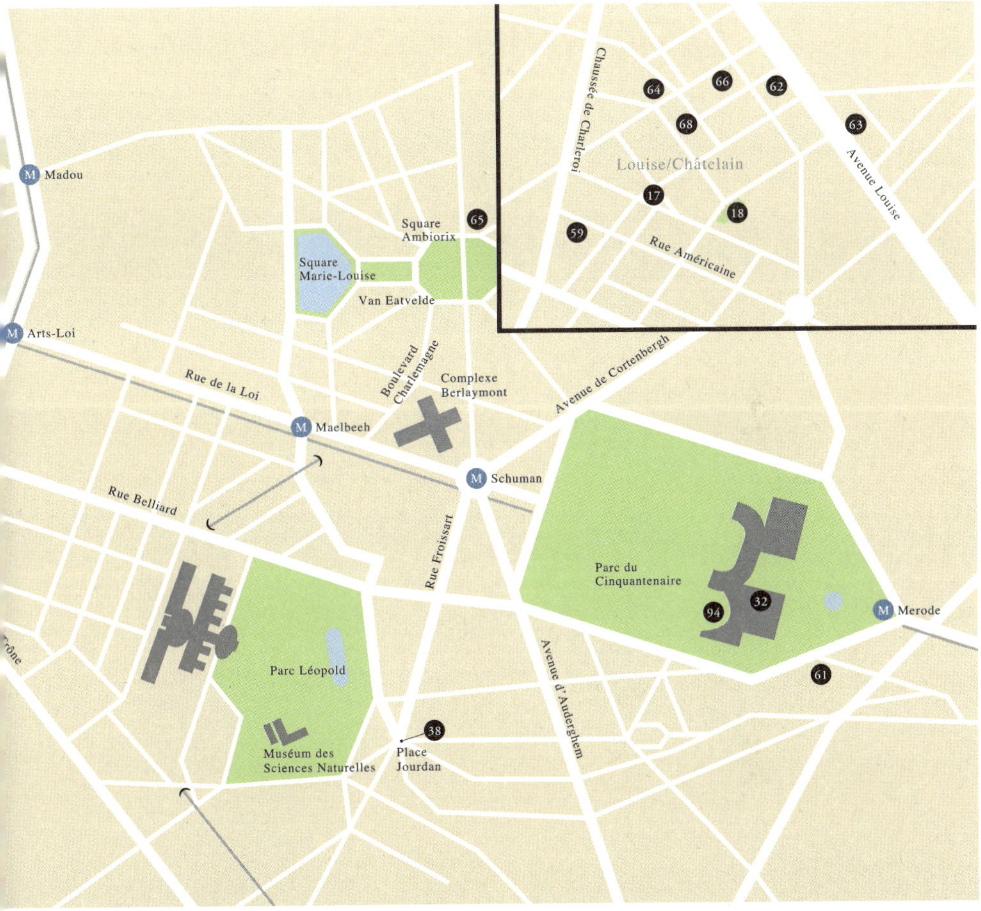

Saint-Gilles
サンジール

Marché de Stockel
ストッケル

Musée des Plantes Médicinales et de la Pharmacie
植物と薬局の美術館

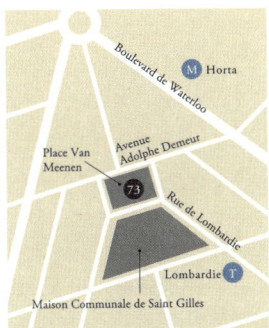
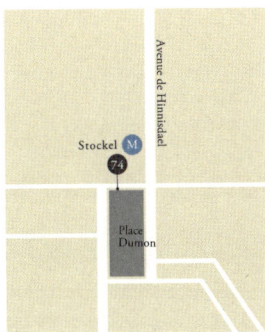
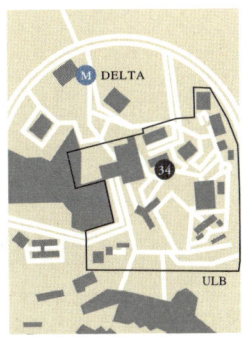

PART-1

Se promener à Bruxelles
ブリュッセルを歩く

日本の関東平野とほぼ同じ大きさのベルギーは、ヨーロッパではルクセンブルグに次ぐ小さな国。その首都であるブリュッセルは、主要なところはほとんど歩いてまわることができます。

───────

　ブリュッセルの中心部はインナーリングと呼ばれる環状道路に囲まれ、縦に鉄道が走っています。上に北駅、下に南駅、ちょうど真ん中に中央駅があります。特に南駅はターミナル駅として利用され、パリまで行くのに便利なThalys（タリス）の発着駅にもなっています（所要時間はなんと1時間30分！）。さらにインナーリングをぐるりと囲むように走る、高速道路の内側がブリュッセル市。行政上19に区分され、街の北、西部は工業地区、南、東部は公園や池などがある住宅街となっています。

───────

　ブリュッセルでは、グランプラスや芸術の丘のような観光名所はもちろん、生活に欠かせない蚤の市やマルシェへ行ってみましょう。そこでは、人々とふれあい、ブリュッセロワたちの暮らしを垣間見ることができます。また、エリアによって街の雰囲気ががらりと変わるのがブリュッセルの魅力。小さい街にいろいろな文化が混ざり合うブリュッセルの見どころを、6つのエリアに分けてご紹介します。

観光も食もショッピングも！
旧市街の中心が街歩きのスタート地点

Grand-Place & Îlot Sacré
グランプラス&イロサクレ地区

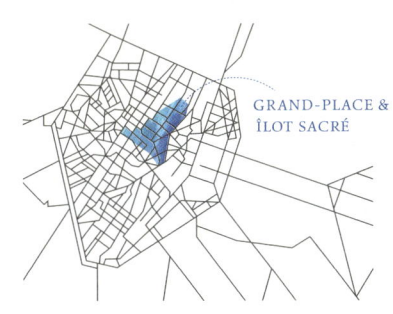

GRAND-PLACE &
ÎLOT SACRÉ

　ブリュッセルの中心地は騎士の紋章のような五角形をしています。これは、14世紀につくられた城壁のなごり。そして、その"おへそ"に位置するのがグランプラスです。ここを中心に、どの道がどこにつながるのかを把握すれば、徒歩移動で別のエリアに行くのがスムーズになります。まずはじめに、このエリアをじっくりと散策してみましょう。

　市庁舎、ギルドハウス、王の家、ブラバン公の館などの歴史的建物に囲まれたグランプラスは世界遺産にも登録され、世界で最も美しい広場として有名です。また、触れるとしあわせになれるというセルクラース像や誰もが知っている小便小僧の像は旅の土産話のためにも一度見ておいても損はありません。そして、グランプラスのすぐそばにあるのが、レストランがひしめきあう食道楽のイロサクレ地区。一歩足を踏み入れるだけで"食の都"を実感することができます。このあたりは小路も多く、奥まったところに老舗のカフェやビアバーがあるので、看板やサインにアンテナをはって歩きましょう。

グランプラスの主役は市庁舎。この荘厳さには目を奪われます。
あまりにもぽかんと見上げているとスリの餌食になるので気をつけて。

 Grand-Place

Grand-Place
グランプラス

　ブリュッセルを代表する場所。あまりの美しさに、詩人＆小説家のヴィクトール・ユーゴーが「世界で最も美しい広場」と称賛し、芸術家のジャン・コクトーが「豊穣たる劇場」と呼んだことは有名です。1998年には世界遺産にも登録されました。内部見学もできる市庁舎、職業を表す彫刻が飾られたギルドハウス、市立博物館の「Maison du Roi（王の家）」などがあり、静かな朝も、人でにぎわう昼も、ライトアップされた夜もおすすめ。また、花市のほか、毎年8月中旬には広場を花で敷き詰める「フラワーカーペット」というイベントも行われます。

【Grand-Place（Map Page.5-❶）】Grand Place, 1000 Bruxelles
グランプラスの花市は8：00～18：00　月・木曜休み

La Statue d'Evrard t'Serclaes
セルクラース像

　市庁舎の左にある「星の家」の壁にあるのが、1833年に暗殺された街の英雄、セルクラースの像。街を支配しようとしていたフランドル伯爵の旗をおろし、正当な支配者の旗を掲げ、ブリュッセルを守ったという逸話が残っています。この像を触るとしあわせになれると言われ、左から右に触るといい、右手で触れるといい、足下の犬の頭を撫でないと意味がないなど多数の説があります。

【La Statue d'Evrard t'Serclaes（Map Page.5-❷）】
Rue Charles Buls 4, 1000 Bruxelles

Manneken Pis
小便小僧

　1619年に彫刻家ジェローム・デュケノワによって作られた像。愛称は"ジュリアン坊や"。1142年に2才のゴドフロワ2世が敵軍に小便をして勝利に導いた話と、城壁への爆弾の導火線を小便で消したジュリアン少年がモチーフ。衣装は市立博物館（王の家）で鑑賞可能。ビール会社のイベント時はビールが出て、道行く人にふるまわれるとか（！）。

【Manneken Pis（Map Page.5-❸）】
Rue de l'Etuve 46, 1000 Bruxelles

 Grand-Place

Musée du Costume et de la Dentelle
衣装とレースの博物館

　ベルギーの伝統工芸であるレースと衣装を展示する美術館。繊細で豪華なレースの世界は、いつだって女性の憧れ。18〜20世紀の衣装やレース、刺繍のコレクションのほか、企画展にも注目。織りの作家さんによるエキシビジョンや、ファッションの歴史の紹介など、興味をそそられるものばかり。キャビネットにぎっしりと詰まったアンティークレースは、引き出しを一段一段開けて見る価値があります。

【Musée du Costume et de la Dentelle（Map Page.5-❹）】Rue de la Violette 12, 1000 Bruxelles　TEL：02 213 44 50　水・祝日休み　10:00〜12:30／13:30〜17:00（土・日 14:00〜17:00）4ユーロ

Grand-Place

Maison Antoine

メゾン・アントワーヌ

　繊細な作りの高級アンティークレースから、ハンドメイドのテーブルクロス、お土産にもなるリーズナブルなものまで種類豊富に揃うレースショップ。ブリュッセルをはじめベルギー産の"本物"が並びます。
　場所は、グランプラスに面したギルドハウスのひとつ。「金のランチ」という名前が付いている建物は、もとは1884年に創立の仕立て屋。1852年にはヴィクトール・ユーゴーが上階に住んでいたとか。入り口の門の上には仕立て屋の守護神サント・バルブの胸像があります。

【Maison Antoine（Map Page.5-⑤）】
Grand-Place 26, 1000 Bruxelles
TEL：02 512 48 59　無休　10:00〜19:00

 Îlot Sacré

Îlot Sacré
イロサクレ

　グランプラスの北に位置するイロサクレ地区は「ブリュッセルの胃袋」と呼ばれる"食いしん坊"が集まるエリア。食の都と言われるだけあって、食事時の活気はさすがです。道には「Bouchers（肉屋）」「Marché aux Herbes（ハーブ市場）」「Beurre（バター）」などおいしそうな名前が付けられ、両側にはシーフードや伝統料理のレストランがぎっしり。どこも気軽に入れる雰囲気で値段もリーズナブルですが、呼び込みも多いのでしつこいときは毅然とした態度で断ることが必要です。人気店は「シェ・レオン（76ページ）」。わいわいとした雰囲気を楽しむには、テラス席に座るのがおすすめです。

 Grand-Place

Galeries Saint-Hubert
ギャルリー・サンテュベール

「1846年5月6日に工事がはじまり、1867年の6月20日に完成した」という記念碑が残る、ヨーロッパ最古のショッピングアーケード。ピンクを基調としたネオ・クラシック様式×ネオ・イタリア様式による建築は、上品ななかにも華やかさを感じます。「Galerie de la Reine（女王）」、「du Roi（王）」、「des Princes（王子）」、という3つの回廊に分かれ、「Neuhaus（ノイハウス）」や「Mary（マリー）」などの老舗のチョコレートショップやカフェ、映画館、本屋などたくさんのお店があるので、ぶらぶら歩いているだけでも楽しい。イロサクレ地区やモネ劇場に抜ける近道としても便利です。

【Galeries Saint-Hubert（Map Page.5-❻）】www.galeries-saint-hubert.com

アーケードのブックショップめぐり

Librairie Saint-Hubert　リブレリー・サンテュベール

　国内外のアートブックを専門に扱うハイセンスなブックショップ。ブリュッセルのガイドブックコーナーがおもしろい。併設のギャラリーでは写真や絵画など印刷に関係する展示が。

【Librairie Saint-Hubert（Map Page.5-❼）】
Galerie du Roi 2, 1000 Bruxelles　TEL：02 511 24 12
無休　10:00〜19:00（日 12:00〜）

Tropismes　トロピズム

　「世界で一番美しい本屋」に選ばれたこともある、新旧問わずオールジャンルの本を扱うブックショップ。壁が鏡張りなのは、当時ダンスホールとして使われていたからだそう。

【Tropismes（Map Page.5-❽）】Galerie des Princes, 1000 Bruxelles　TEL：02 512 88 52　無休　10:00〜18:30（月曜 13:00〜、金〜19:30、土〜19:00、日 13:30〜）

Galeries bortier　ギャルリー・ボルティエ

　ギャルリー・サンテュベールと同じ建築家が設計した、バロック様式のファサードを持つアーケード。古本屋とギャラリーが並ぶレトロな空間は、喧噪を忘れる静けさに満ちています。

【Galeries bortier（Map Page.5-❾）】Rue de la Madeleine 55, 1000 Bruxelles　TEL：02 513 89 40
営業時間、休みは店舗によって異なる

 Grand-Place

Les Gens Que J'aime

レ・ジャン・ク・ジェーム

　グランプラスの西側、証券取引所の裏を通るRue du midi（ミディ通り）は、かわいい飲食店や昔ながらのショップが並ぶ人気のストリート。そこで見つけたのが、オリーブ色とワイン色の壁に味のある古い写真が飾られたシックな内装のカフェ。「ブリュッセルのおしゃれなカフェごはんは量が少なめ」という持論はここでも健在！日本人にはちょうどいい量なので、オーダーしてびっくり、ということがないのがうれしい。ランチにパスタやサンドイッチ、ちょっとした休憩にコーヒーやビールを。

【Les Gens Que J'aime（Map Page.5-➓）】Rue du Midi 15, 1000 Bruxelles　TEL：02 523 28 76　月曜休み　12:00〜24:00

Grand-Place

Bourse
証券取引所

　荘厳なたたずまいの建物は、ネオ・ルネッサンス様式とフランス第二帝国様式によるもの。Boulevard Anspach（アンスパック大通り）の景観改修工事の一環として、1873年にかけて建てられたものだそう。当時ブリュッセルに移住していた"近代彫刻の父"オーギュスト・ロダンの彫刻も飾られています。2000年にパリの証券取引所とアムステルダムの証券取引所と合併し、ユーロネクストが設立されてからは使用されていません（もったいない！）。現在は、階段がベンチがわり。たくさんのブリュッセロワたちの憩いの場として親しまれています。

【Bourse（Map Page.5-⓫）】Place de la Bourse, 1000 Bruxelle

高級感漂う通りから少し歩いただけで移民街
マーケットや蚤の市がさかんなエリア

Grand Sablon & Marolles
グラン・サブロン & マロル地区

GRAND SABLON & MAROLLES

　17世紀に貴族たちが多く住んでいたグラン・サブロン広場＆プチサブロン広場周辺は、今はベルギー発のチョコレートショップや雰囲気のあるカフェがいっぱい並ぶおしゃれなスポットに。グラン・サブロン広場では、土日にアンティークマーケットが開かれ、冬はクリスマスマーケットでにぎわいます。その隣にあるプチサブロン広場は美しくカットされたグリーンのなかに中世のギルドをあらわす48体のブロンズ像が立ち、まるで庭園美術館のような美しさ。グラン・サブロン広場の端には、ベルギー生まれの画家ジャン・ミシェル・フォロンによる彫刻があります。

　そこから、坂道を下るようにマロル地区方面へ歩いていくと、急に雰囲気ががらりと変わるのがわかります。マロル地区は、ブリュッセルの下町。移民が多く住むエリアなので、スカーフ姿のイスラム系の女性を多く見かけたり、トルコ系スーパーやケバブ屋さんがあったりと、なんだかブリュッセルとは思えない異国情緒。私たちが大好きなジュ・ド・バル広場の蚤の市やアンティーク通り、活気のあるマルシェなど見所もたくさん。"地元"な気持ちで楽しめる、庶民的な雰囲気が魅力です。

ジュ・ド・バル広場に面した建物に、たくさんの握手する手と
「musée imaginaire et la identique（想像の博物館）」を発見。

Marché des Antiquaires du Sablon
サブロン広場のアンティークマーケット

「Eglise Notre-Dame du Sablon（ノートルダム・デュ・サブロン教会）」の目の前にあるグラン・サブロン広場で毎週末開催されるアンティークマーケットは、国内外の骨董好きやバイヤーが訪れる人気のマーケット。サブロンは砂場という意味で、そのむかしここが湿地のなかの砂場だったことから名付けられたそう。落ち着いた雰囲気のマーケットに並んでいるのは、銀食器や絵画、ジュエリー、カトラリーなどの高級アンティークがほとんど。とはいえ、ヨーロッパの他国で買うよりは断然安いので、気に入ったものがあれば、値切り交渉してみましょう。

【Marché des Antiquaires du Sablon（Map Page.6-⓬）】Place du Grand-Sablon, 1000 Bruxelles　9：00～18：00（日～14：00）　www.sablonantiquesmarket.com

Chocolatiers du Sablon
チョコレートショップ

　サブロン広場のまわりには、なぜかチョコレートショップが軒を連ねています。ざっと見渡しただけで「Pierre Marcolini（ピエール・マルコリーニ）」、「Neuhaus（ノイハウス）」、「Wittamer（ヴィタメール）」、「Leonidas（レオニダス）」、「GODIVA（ゴディバ）」がずらり。日本にも店舗があるベルギーのチョコブランドでも、限定品や新発売のチョコが見つかります。しかも、日本で買う数分の1の値段で購入できるので、旅の最終日にハシゴするのがおすすめ。気になったチョコは、1個そのまま試食させてくれるサービスも。ティールームが併設されたお店も多いので、おいしいスイーツを食べながら贅沢な気分に浸りましょう。

Marché du Jeu de Balle
ジュ・ド・バル広場の蚤の市

　私たちが世界一好きな蚤の市がここ。食器、キッチン雑貨、古着、古本、ジュエリー、家具などあらゆるものがごちゃごちゃと並ぶ様子はまるで宝箱をひっくり返したかのよう。朝早くからやっているので、朝ごはんを食べたらすぐに向かいましょう。掘り出し物は早い時間が狙い目です。この蚤の市の魅力はなんといっても、かわいいものが激安で手に入ること。1ユーロボックス（段ボールの中身全て各1ユーロ）からスペシャルな雑貨を探したり、まとめて買って半額にしてもらったりしていると、いつのまにか両手が大荷物になってしまいます。

【Marché du Jeu de Balle（Map Page.6-⓭）】
Place du Jeu de Balle, 1000 Bruxelles　無休　7:00～14:00

Marché du Midi
南駅市場

　南駅のすぐ目の前の広場で開催されるマルシェは、移民が多く住むエリアならではのオリエンタル色強めの品揃え。ドライフルーツやイスラムのスイーツ、女性が髪を隠すためのスカーフなど、ほかの市場では見かけないものも多く、ブリュッセルのもうひとつの暮らしの風景に出会えます。物価がほかのマルシェよりも安く活気にあふれているところもお気に入り。スパイスやお茶は手軽に購入できるので、お土産や自分用におすすめ。ただし、スーツケースやバッグがスパイス臭くなるので、気になる人は密閉できる袋を持っていきましょう。

【Marché du Midi（Map Page.6-⑭）】Place Bara et la gare du Midi, 1000 Bruxelles
日曜　6:00〜13:00

Rue Blaes, Rue Haute
アンティークストリート

　ジュ・ド・バル広場に面したRue Blaes（リューブラース）と、それと平行に並ぶRue Haute（リューオート）はアンティークショップが立ち並ぶ、通称「アンティークストリート」。古着屋やかわいい雑貨ショップも多く、近年はアンティークショップだけではなく、インテリアショップも増え、インテリア好きにはたまらないエリアに。

　私たちのおすすめは、地下鉄の「Porte de Hal（ポルト・ド・アル）」駅からジュ・ド・バル広場に向かい、蚤の市を見たら広場に面したカフェでランチを食べ、アンティーク通りをぐるりと一周。そしてまた蚤の市に戻って、最後にもうひとまわりする、というコースです。

 Marolles

Marché des Abattoirs
マルシェ・デ・ザバトワール

　日本人の観光客はほとんど訪れることがない南駅の北側エリアに、毎週末10万人が訪れるマルシェがあります。会場である1890年に建てられた元屠殺場は一見の価値あり。Clemenceau（クレマンソー）駅を出た目の前にマルシェが見えますが、それはほんの一部。16ヘクタールもの広さがある敷地内に食品、衣料品、日用品のお店がぎっしり！　フリーマーケットもあるので、掘り出し物が見つかるかも。
　2012年からは、屠殺場のまわり一帯がおしゃれに生まれ変わる改装工事がスタート予定。今後ますます人気のマルシェになりそうです。

【Marché des Abattoirs（Map Page.6-⓯）】Rue Ropsy-Chaudron, 1070 Bruxelles
金〜日 7:00〜14:00　www.abatan.be

COLLUMN-1

ベルギー王室御用達の
陶器ブランド「BOCH」

　蚤の市を巡っていると、裏に「BOCH」と刻印された陶器に多く出合うことができます。水玉や植物柄など、日本ではあまり目にすることのない素朴な色合いとデザインに私たちはすっかり魅了され、探し求めるようになりました。

　「BOCH（ボック）」はベルギーの陶器メーカーで唯一の老舗ブランド。1841年にベルギー南部の街ラ・ルーヴィエールで創業し、1994年には「Royal Boch Manufacture s.a.」を設立。現在は、サブロン広場に店舗があります。製造された年代ごとに雰囲気ががらりと変わるのが特徴ですが、1960年代頃のデザインは北欧を感じさせるものが多く、特にお気に入りです。

蚤の市やアンティークショップで見つけた、私たちの「BOCH」コレクション。ケーキプレートやスープカップ＆ソーサーのほかに、ピッチャーやポット、テーブルウェアがセットで販売されていることもあります。探せば探すほど、新たなデザインやアイテムに出合えるのが魅力。集めてみてはいかがでしょう？

購入するときには
裏の刻印をチェック

蚤の市やアンティークショップで気に入った陶器があったら、まず裏の刻印を見てみましょう。製造された国やブランド、造られた年代、ブランドシリーズまで書かれていることもあります。

高級ブランドのブティックが立ち並ぶ
ブリュッセルいちのおしゃれエリア

Louise & Châtelain
ルイーズ & シャトラン地区

LOUISE &
CHÂTELAIN

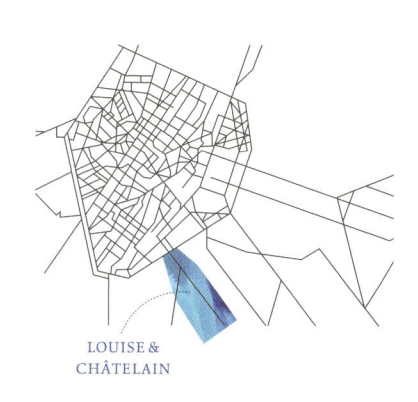

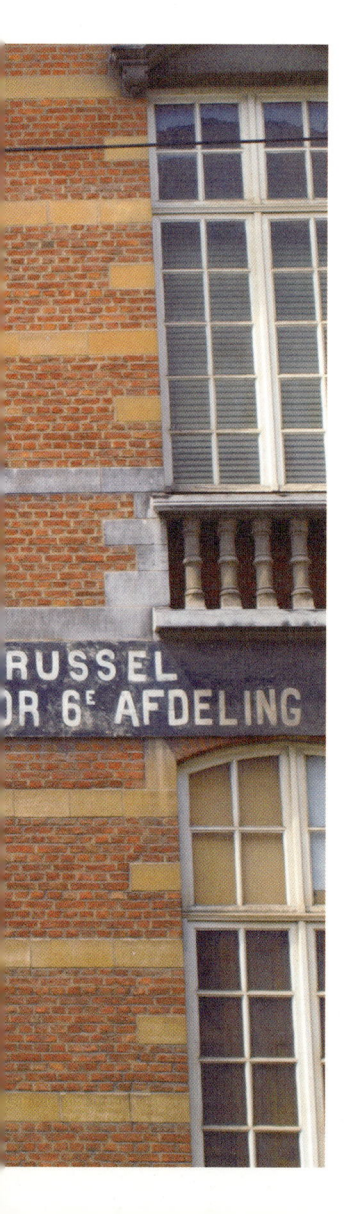

　ブリュッセルの南東に位置するルイーズ通りと、シャトラン通り、シャトラン広場のあるエリアは、ブリュッセルの中心地のなかで最も高級感ある場所。高台に位置するため、ルイーズ広場の横にある最高裁判所の広場からはブリュッセルが一望できます。また、道を歩いていると高低差で道の向こうに美しい景観が見えることも。

　地下鉄ルイーズ駅の目の前に伸びるルイーズ通りは、高級ブランドやファッションブランド店が軒を連ね、セレブ感たっぷり。中心地のクラシカルさとは異なり、新しいビルも多いのが特徴。ベルギー発のブランドやヨーロッパの主要なファッションブランドのほとんどが集まるので、歩いているだけでショッピング心がくすぐられます。ルイーズ通りの脇道には、ハイセンスな人たちが集うおしゃれなデリカフェや雑貨ショップ「DILLE & KAMILLE（ディル&カミーユ）」があります。

　シャトラン広場周辺を歩くなら、広場でビオマーケットが開かれる水曜日に行くのがいいでしょう。その前に、このエリアにたくさん現存しているアール・ヌーヴォー建築をめぐり、おなかをすかせて向かうのがベストです。

ルイーズ通りからRue du Bailli（バイイ通り）に入って少し歩いたところにあるノスタルジックな古い建物は、なんと**警察署**！

Louise

Avenue Louise
ルイーズ通り

　ブリュッセルの南エリアにすっと伸びる大きな道、ルイーズ通りは高級ブランド店が立ち並ぶおしゃれストリート。パリで言うとシャンゼリゼ通り、日本だと表参道といったところでしょうか。歩けないこともありませんが、かなりの距離があるため、バスやトラムのほか、地下鉄のルイーズ駅をあがるとすぐ右手に見えるレンタサイクルを利用するのもおすすめです。

　ルイーズ通りのつきあたりには、ブリュッセル最大の森である"ソワーニュの森"の一部であるカンブルの森が広がり、休日にはたくさんのブリュッセロワが日光浴や散歩に訪れます。

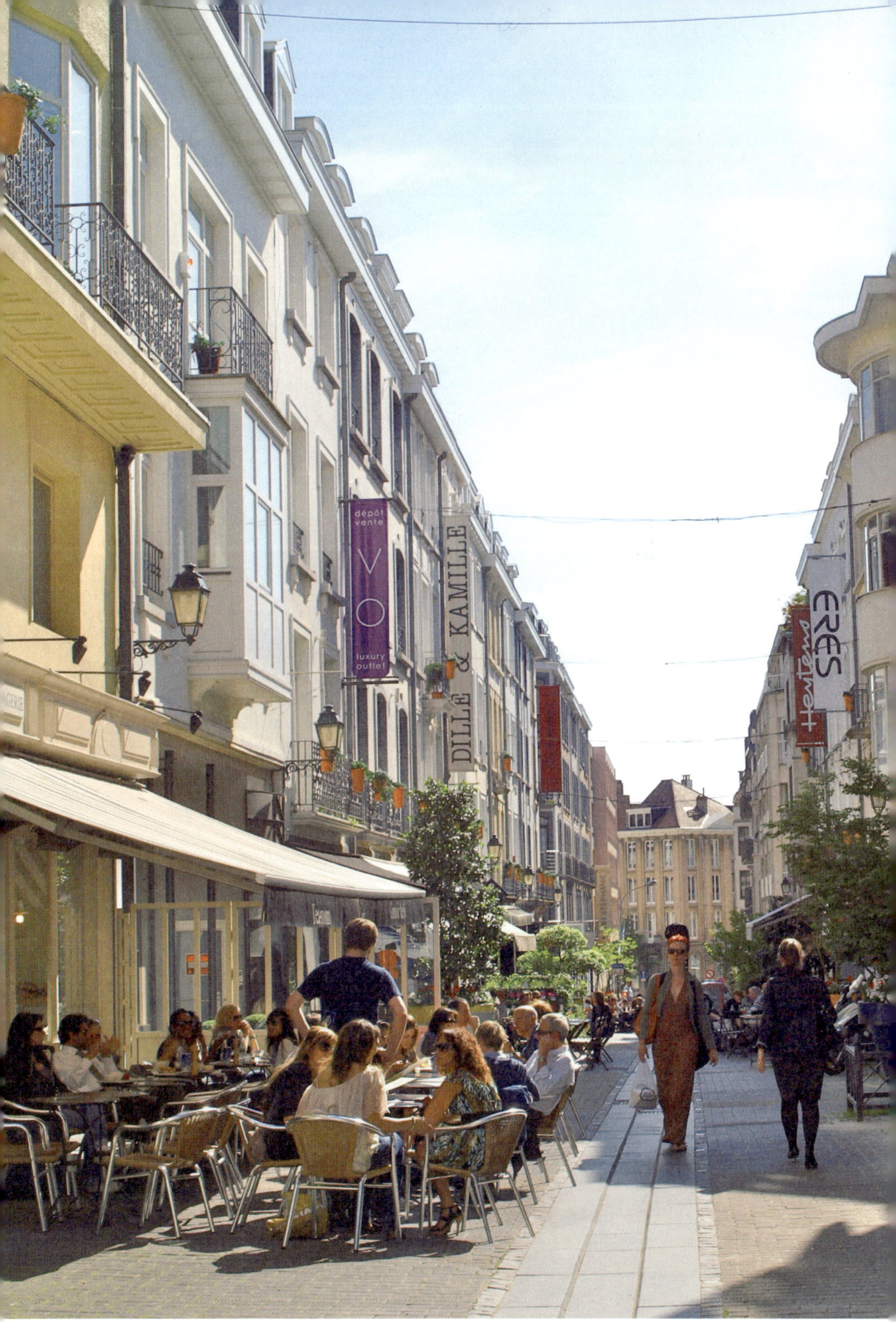
dépôt vente
VO
luxury outlet
DILLE & KAMILLE
ERES

Mig's
ミグス

　ベルギーをはじめ、世界30カ国からセレクトしたワインが買えるお店。古い建物をリノベーションした店内の雰囲気も素敵です。ベルギーといえばビールですが、ワインもおいしいのでおすすめ。7〜20ユーロ程度とリーズナブルなのでまずはホテルで飲んでみて、気に入ったらお土産に購入してみては？

　フランダース地方のアールストにある、たった1人で作られているワイナリー「DE KLUIZEN」の白ワインはベルギーで一番おいしいとのこと。ワオルシンという街のワイン「RUFFUS」も人気があるそう。

【Mig's（Map Page.7-⑯）】Chaussée de Charleroi 43, 1060 Brussels
TEL：02 534 77 03　日曜休み　11:00〜19:00　www.migsworldwines.be

Châtelain

Église de Sainte Trinité
聖トリニテ教会

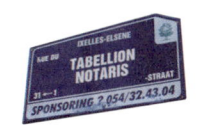

　ルイーズ通りからバイイ通りに入り、ブティックやおいしいと噂のジェラート屋さんの前を通りながらまっすぐ進むと、正面に1864年に建てられたバロック様式の重厚感のある外観の教会が見えてきます。丸窓のステンドグラスと星のマークが飾られた入り口を入ると、こぢんまりとしていながらも黒の天井に白い支柱が並ぶモダンなデザインで、いわゆる教会のイメージとはちょっと違う印象。

　教会の前は広場になっていて、ベンチはいい休憩場所に。広場に面した通りには、おしゃれなブティックやカフェなどが並んでいます。

【Église de SainteTrinité（Map Page.7・⑰）】Parvis de la Trinité, 1050 Ixelles
TEL：02 537 54 66　土・日・月曜休み　9:00〜12:00

Châtelain

Le marché de Place du Châtelain
シャトラン広場のマーケット

　シャトラン広場のグリーンコートを囲むようにぐるりと立つ、ビオマルシェ。ハイソなエリアのため、訪れる人たちもどこかインテリジェントでおしゃれな人ばかりで、落ち着いた雰囲気があります。

　果物や野菜、チーズのなど食品がメインで、食べ歩きできるワッフルやソーセージの屋台も。ビールとシーフード、ワイン、タイフードなどその場で食べられるものも充実。地元の人たちが仕事帰りに立ち飲んで談笑しているなかに仲間入りしてビールを飲んでいると、「どこから来たの？」と気さくに話しかけてくれます。

【Le marché de Place du Châtelain（Map Page.7-⑬）】
Place du Châtelain, 1050 Ixelles　水曜　9：00〜21：00

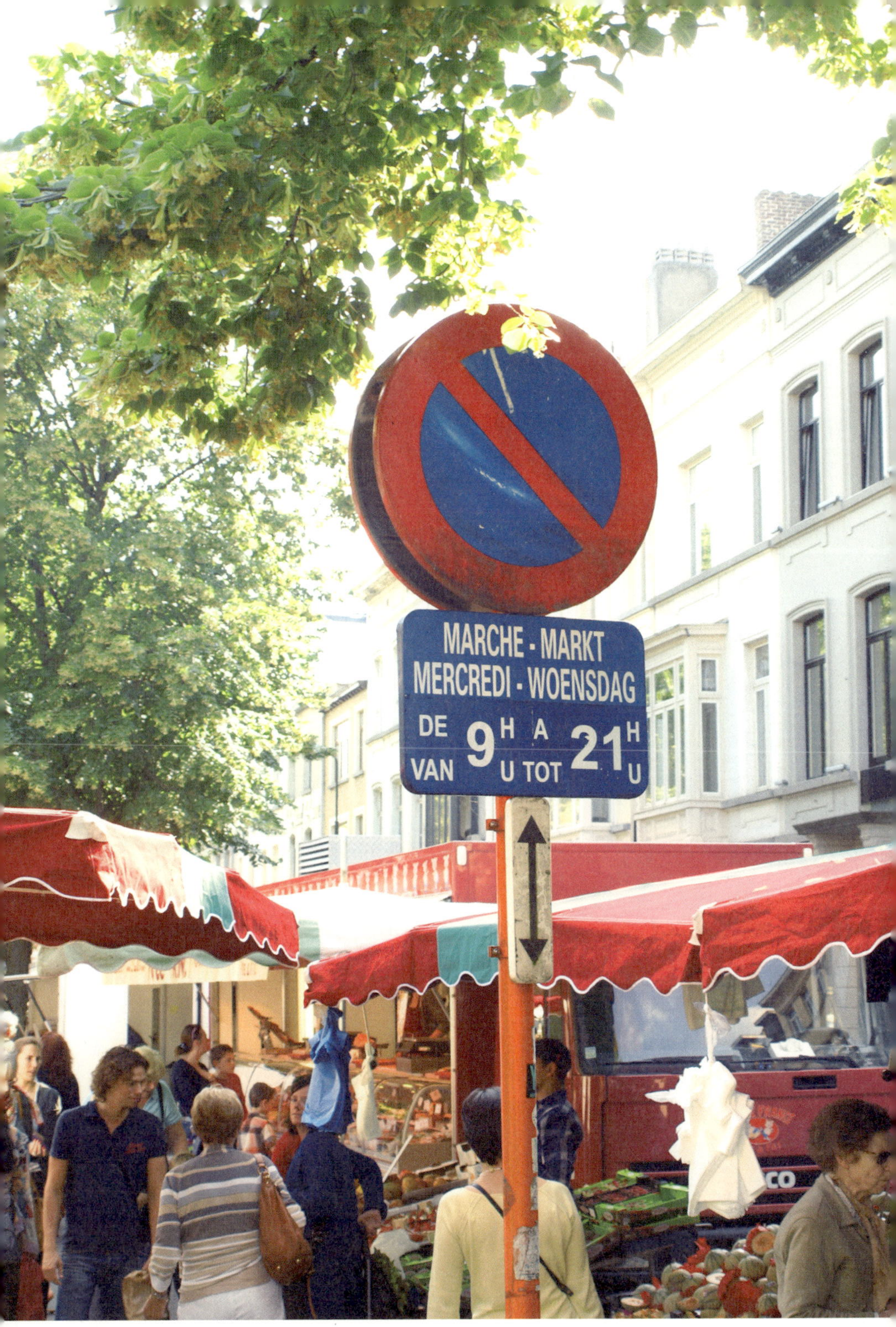
MARCHE - MARKT
MERCREDI - WOENSDAG
DE 9 H A 21 H
VAN U TOT U

❄ ブリュッセルの起源となった場所が、
若者が集うおしゃれなショッピング街に

Rue Antoine Dansaert & Sainte-Catherine
ダンサール & サンカトリーヌ地区

RUE ANTOINE
DANSAERT &
SAINTE-CATHERINE

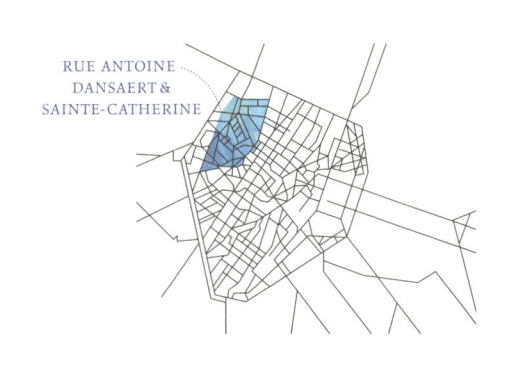

　グランプラスから証券取引所方向に歩くと、おしゃれなショップが建ち並び、若い人たちの集まるエリアがあります。そんなファッションエリアの中心がダンサール通り。現在の姿からは想像もつきませんが、その昔運河港があり、倉庫として使われていた建物が多く残されていた場所でした。20年ほど前、市の都市計画で建物をそのまま生かすことを提案。多くの若いクリエイターやデザイナーたちが集まり、店を構えるようになりました。

　ダンサール通り脇にあるサンカトリーヌ教会周辺は、かつて魚市場だった場所。現在はシーフードレストランや個性的なショップが集まっています。サンカトリーヌ広場は、毎年11月末から12月にかけてベルギー最大規模のクリスマスマーケットを開催することでも有名です。また、サンジェリ地区はブリュッセル発祥の地。サンジェリホールを中心にカフェが軒を連ね、周辺には漫画の壁画（104、105ページ）が集中しています。

　ブリュッセルの現在を知るために、外すことができない場所。ぜひ足を延ばしてみましょう。

並木に囲まれたサンカトリーヌ広場は、周辺のカフェのオープンテラスとなり、多くの人でにぎわいます。

Rue Antoine Dansaert

Halles Saint-Géry

サンジェリ・ホール

　サンジェリ地区は、かつてブリュッセル市内を流れていたセンヌ川の支流が形成する島（中州）にあたり、歴史上では978年にブリュッセルが誕生した場所とも言われています。その中心にあるのが1881年に建設され、かつてはミートマーケットだったというこのホール。鉄骨にガラスを多く使用した、ネオルネッサンス様式の美しい建物の中央には、記念碑の形をした噴水があります。現在では、ブリュッセルに関する常設の展示が行われるほか、カフェやインフォメーションセンター、スタジオなど多目的に利用されています。

【Halles Saint-Géry（Map Page.5-⑲）】Place Saint-Géry 23, 1000 Bruxelles
TEL：02 502 44 24　無休　10:00～24:00　www.sintgorikshallen.be

1881
Sint-Goriks Hallen
Halles Saint-Géry
SAINT-GÉRY
SINT-GORIKS
EXCEPTE
UITGEZONDERD

Rue Antoine Dansaert

A.M.SWEET
アムスウィート

　サンジェリ広場近くのおしゃれなブティックが並ぶ通りにある、アンヌ・マリー、ジルベルト夫妻が営む小さなサロン・ド・テ。店名の「A.M.」は、店主 Anne-Marie の頭文字から取られています。色とりどりのキャンディーやローラン・ジェルボー（94ページ）のチョコレートなど、カウンターにずらりと並んだスイーツやボリュームたっぷりの手作りケーキが、37種類の紅茶と共に楽しめます。グレーを基調にした店内はセンス良く、落ち着ける雰囲気。かわいい看板犬と戯れながら、時間を忘れてついつい長居してしまいます。

【A.M.SWEET（Map Page.5-⑳）】Rue des Chartreux 4, 1000 Bruxelles
TEL：02 512 51 31　日・月曜休み　9:30〜18:30（火 12:00〜）

Rue Antoine Dansaert

Passa porta
パッサ・ポルタ

　2004年にオープンした、ダンサール通りを象徴するスタイリッシュな書店。小説や詩、エッセイ、絵本、文学、料理本、アートブックなど、幅広くセレクトしています。フランス語とオランダ語、両方に対応する本が揃うのは、多言語都市のブリュッセルならでは。特に外国文学には力を入れていて、ライティングのワークショップ、ギャラリー、作家や翻訳者のためのレジデンス、文学フェティバル「Passa Porta Festival」を開催。おしゃれなグラフィックのフリーペーパーも充実していて、情報集めにもおすすめです。

【Passa porta（Map Page.5-㉑）】Rue A. Dansaert 46, 1000 Bruxelles　TEL：02 502 94 60　無休　11：00〜19：00（月12：00〜、日〜18：00）　www.passaporta.be

Rue Antoine Dansaert

ダンサール周辺のおすすめファッションショップ

Annemie verbake
アネミ・ベルベッカ

　フランダース地方出身のデザイナーによるブランド。グラフィックアートを学んだ後、ニットスタジオを経て、ブランドを立ち上げました。シンプルで丁寧に作られた洋服は、気品があり、色づかいも素敵です。

【Annemie verbake（Map Page.5-㉒）】
Rue A. Dansaert 64, 1000 Bruxelles
TEL：02 511 21 71　日曜休み
11：00〜18：00
www.annemieverbeke.be

Gabriele Vintage
ガブリエル・ヴィンテージ

　ダンサールと並ぶおしゃれな通り、Rue des Chartreux（シャルトリュー通り）にあるヴィンテージショップ。1920から60年代のワンピースやバッグ、アクセサリーなどを扱っています。行くと気になるものが必ずある、お気に入りのお店です。

【Gabriele Vintage（Map Page.5-㉓）】
Rue des Chartreux 27, 1000 Bruxelles
TEL：02 512 67 43　日曜休み
11：00〜18：30（月火 13：00〜、木〜20：00）
www.gabrielevintage.com

Eglise Sainte-Catherine
サンカトリーヌ教会

　13世紀から存在していたという記録の残る、歴史ある教会。教会の斜め前にあるバロックの塔は、1820年の洪水で崩壊してしまった元サンカトリーヌ教会の一部。現在の教会はブリュッセルの内港を埋め立てた土地に、のちに最高裁判所を建築する建築家ブラールがロマン、ゴシック、ルネッサンスとさまざまな建築様式を織り交ぜて設計し、1887年に完成しました。教会の中には、宗教対立によって川に投げられたため黒くなってしまったという伝説のある、15世紀の作品「黒いマリア像」がまつられています。

【Eglise Sainte-Catherine（Map Page.5-㉔）】Place Sainte-Catherine, 1000 Bruxelles
TEL：02 513 34 81　8：30～17：30（日 10：00～13：30）

Sainte-Catherine

Mer du Nord
メール・デュ・ノール 

　かつて魚市場があった名残で、今でも「マルシェ・オ・ポワソン(魚市場)」と呼ばれるほど、サンカトリーヌ広場周辺には多くのシーフードレストランが軒を連ねます。そのなかでも特に地元の人たちに人気のある店が、魚屋に併設された立食スタイルのこのレストラン。旬の魚を目の前で調理してもらえるので、いつでもできたてを味わえます。
　気軽な雰囲気で、店主や隣同士になった常連客との会話も楽しみ。魚のフリットやスープなど、おいしい料理がかなり手頃な価格で味わえるので、ついついお酒も進んでしまいます。

【Mer du Nord (Map Page. 5 - ㉕)】Rue Sainte-Catherine 45, 1000 Bruxelles
TEL : 02 513 11 92　月曜休み　11:00～17:00 (金・土・日～18:00、日～20:00)　www.vishandelnoordzee.be

Rue Antoine Dansaert & Sainte-Catherine

サンカトリーヌ教会の裏側には、現在でも運河が残ります。その両側には、ロブスター料理が名物のシーフードレストランがずらりと並び、看板がたくさんあるので私たちはひそかに"ロブスター通り"と呼んでいます。

Sainte-Catherine

Papers
ペイパーズ

　ダンサール通りとサントリーヌ広場の間に、2010年にオープンしたばかりのショップ。オーナーのジャン・フィリップ・アーノルドさんは、美術館で働いていた経験を持つフランス人。紙を愛するあまり、紙にまつわるこの店をオープンさせたのだそう。美しい手漉き紙やハンドメイドのノート、16〜17世紀頃の古書などが並べられています。またギャラリーとして、50〜60年代のモードに関するドローイングなどの展示も定期的に開催。オーナーのセンスの良さが光る、クラシック感漂うお店です。

【Papers (Map Page.5 - ㉖)】Rue de Flandre 19, 1000 Bruxelles　TEL：0488 86 26 22
月曜休み　14:00〜19:00　www.papers-gallery.com

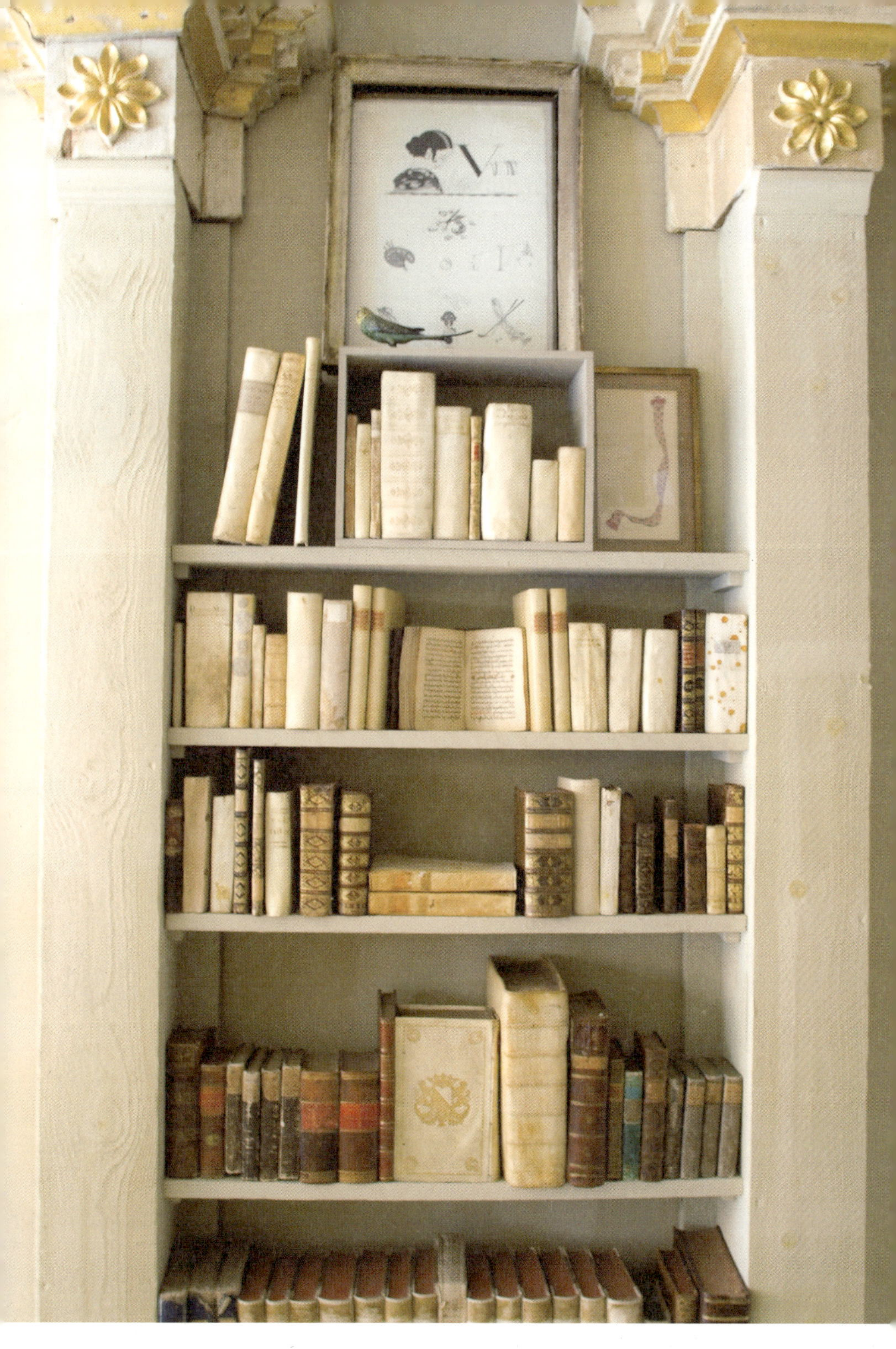

美術館や博物館、見どころが集結。
歴史的建造物が並ぶ景観も美しい、観光の中心地。

Mont des Arts
芸術の丘周辺

MONT DES ARTS

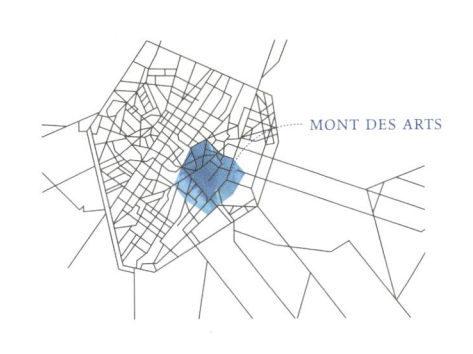

　芸術の丘周辺は、ブリュッセルでも景観の美しい場所のひとつ。ブリュッセル中央駅の裏にあるアルベルティーヌ広場からモン・デ・ザール庭園の階段を上り、ロワイヤル広場、王宮までの辺りを指します。

　このエリアを簡単にご紹介しましょう。庭園からブリュッセルの街を見渡す位置には、国王レオポルド2世の跡を継いだアルベール1世の騎馬像が建てられています。庭園の西側には、このアルベール1世の名が付いた王立図書館、東側にはブラッスリーやイベントホールなどが入るスクエアが。丘を登ると、左手にはパレ・デ・ボザール、楽器博物館をはじめ、18世紀末から20世紀にかけて建てられた歴史的建造物が並びます。その先のロワイヤル広場には、聖ヤコブ教会、マグリット美術館、ベルギー王室美術館。そしてベルビュー博物館、王宮へとつながります。

　そもそも芸術の丘は、レオポルド2世が整備し、各地から芸術品を集めたいという思いを込めて名づけられたもの。そのため上記のように多くの美術館が集まり、観光客が必ず訪れる場所になっているのです。

1904年、レオポルド2世によって再建した王宮。7月下旬から9月上旬のみ、無料で一般公開されます。

Mont des Arts

Place Royale
ロワイヤル広場

　1773年、オーストリアのハプスブルク家が建設した広場。中央には神聖ローマ帝国の初期、第1回十字軍の指導者でベルギーで英雄とされている、ブラバント公ゴドフロア・ド・ブイヨンの像が建てられています。この広場の建物は、像の背後に建つ聖ヤコブ教会を中心に、左右対称に配列されているのが特徴。シンプルで整然とした美しさがあり、18世紀に流行した新古典主義様式としても有名です。広場にはそのほか、王立美術館、マグリット美術館があり、「芸術の丘」と言われる所以でもあります。

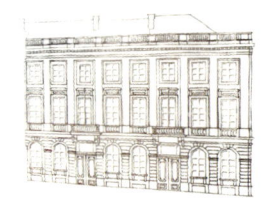

Mont des Arts

Jardin du Mont des Arts
モン・デ・ザール庭園

　1910年、ブリュッセルでの万国博覧会開催に合わせて造られた庭園。有名な造園家、ルネ・ペシェールの設計によるフランス式庭園で、王立図書館やコングレ宮（現在のスクエア）などの近代的建築に合うよう考えられています。人々の憩いの場となっているモン・デ・ザール庭園を含む、アルベルティーヌ広場からロワイヤル広場までのエリアが「芸術の丘」。芸術の丘を上ると見える庭園の一角の壁には、1時間ごとに鳴るカリヨンの音に合わせ、12体の偉人たちの人形が動く仕掛け時計があり、こちらも見逃せません。

Musée Bellevue (BeLvue!)
ベルビュー博物館

　ベルギー王室に関連した歴史的な遺品などの展示を通して、1830年に建国されてから現在までのベルギーの歴史や王室の役割について、知ることができる博物館。18世紀後半に建築家ギマールの設計により、王宮とロワイヤル広場、ブリュッセル公園をつなぐ建物として建てられ、かつてはベルビュー邸として王室の住居に使われていました。それだけに壁のレリーフや床の大理石、バロックスタイルの噴水など、豪華な装飾も見どころ。ここでベルギーの歴史を勉強してから街に出かけると、より一層深く楽しむことができます。

【Musée Bellevue（Map Page.6-27）】Place des Palais 7, 1000 Bruxelles　TEL：07 022 04 92
月、1/1、12/25休み　10:00～17:00（土・日～18:00）　5ユーロ　www.belvue.be

Mont des Arts

Palais des Beaux-Arts（Bozar）
パレ・デ・ボザール

　アール・ヌーヴォーの第一人者、ヴィクトール・オルタが設計した、アール・デコ様式の傑作。現在は展覧会やダンス、演劇など、多目的スペースとなっています。2200席あるホールでは、年間250以上のコンサートを開催。併設の書店は、デザイン関連の書籍やグッズが充実していて、お土産探しにも最適です。

【Palais des Beaux-Arts（Map Page.5-㉘）】
Rue Ravenstein 23, 1000 Bruxelles
TEL：02 507 82 00　無休
10：00〜18：00（木〜21：00）　www.bozar.be

Musée Magritte
マグリット美術館

　ベルギーを代表するシュールレアリズムの画家、ルネ・マグリットの美術館。油彩画やデッサン、彫刻、オブジェ、グラフィック、広告作品、映画まで、200点以上の作品が年代別に展示されています。イラストや本人の写った写真などから、意外にもユーモアあふれる人柄が垣間見えます。

【Musée Magritte（Map Page.6-㉙）】Rue de la Régence 3, 1000 Bruxelles　TEL：02 508 32 11
月・祝日休み　10：00〜17：00（水〜20：00）8ユーロ
www.musee-magritte-museum.be

◆ Mont des Arts

Musée des Instruments de Musique
楽器博物館（MIM）

　20世紀初頭のベルギーにおける芸術活動を象徴し、アール・ヌーヴォー建築の傑作とも言われる、旧百貨店「オールドイングランド」の建物を転用した博物館。バイオリンやハープシコード（チェンバロ）、ピアノなどの西洋の楽器はもちろん、古代エジプトやインド、インドネシアの楽器から19世紀の電子楽器まで、1500点以上の楽器コレクションが年代順に展示され、その音色を聞くこともできます。入場料なしで入れる最上階のカフェテラスは、ブリュッセルの街を一望できる穴場スポットです。

【MIM（Map Page.6-㉚）】Montagne de la Cour 2, 1000 Bruxelles　TEL：02 513 73 44
月・祝日休み　9：30〜17：00（土日 10：00〜）　5ユーロ　www.mim.be

Mont des Arts

Bibliothèque Royale de Belgique, Musée de L'Imprimerie
ベルギー王立図書館・印刷博物館

　アルベール1世図書館とも呼ばれる、歴史ある王立図書館。現在の建物は、1954年から1969年にかけて造られました。17のフロアに、およそ600万冊を所蔵しています。図書館の中には、1975年に創設された知る人ぞ知る印刷博物館が。19世紀から20世紀初頭の40台以上の印刷機が展示され、印刷と製本技術の歴史を見ることができます。予約をすれば、誰でも無料で見学可能です。

【Bibliothèque Royale de Belgique, Musée de L'Imprimerie (Map Page.6-㉛)】
Boulevard de l'Empereur 4, 1000 Bruxelles　TEL：02 519 53 11　　日曜休み
9：00～19：00（土～17：00、印刷博物館～16：45）　www.kbr.be

近代的なオフィスと広大な公園、
アールヌーヴォー建築のある表情豊かなエリア

Quartier Européen
EU地区

QUARTIER
EUROPÉEN

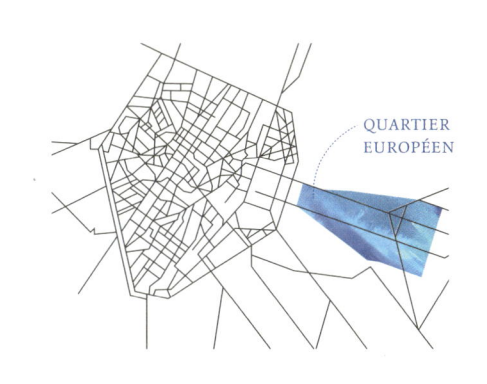

　ブリュッセルの中心から東側に位置するこのエリア。メトロのシューマン駅前には、EU（ヨーロッパ連合）の本部のほかヨーロッパの国際機関が集まっているため、近代的でインターナショナルな雰囲気があります。

　駅前のオフィス街から少し歩くと風景が一変、30ヘクタールの広大なサンカントネール公園が広がります。ベルギー建国50周年を記念して1880年に造られたもの。公園の中央にはヨーロッパで1,2を争うほど大きな凱旋門、サンカントネール記念門があります。記念門の北側には王立軍事歴史博物館、南側にはサンカントネール美術館、公園の一番奥にはオートワールドなどがあり、多くの観光客が訪れます。

　また、サンカントネール公園の近くには、コーシー邸（112ページ）をはじめ、アール・ヌーヴォー建築の美しい建物が数多く見られます。ブリュッセルいちおいしいフリット屋「メゾン・アントワーヌ」（80ページ）のあるジョルダン広場もこのエリア。さまざまな表情を見せてくれるのが特徴です。

サンカントネール公園は、人々の憩いの場。
緑いっぱいののどかな風景が広がります。

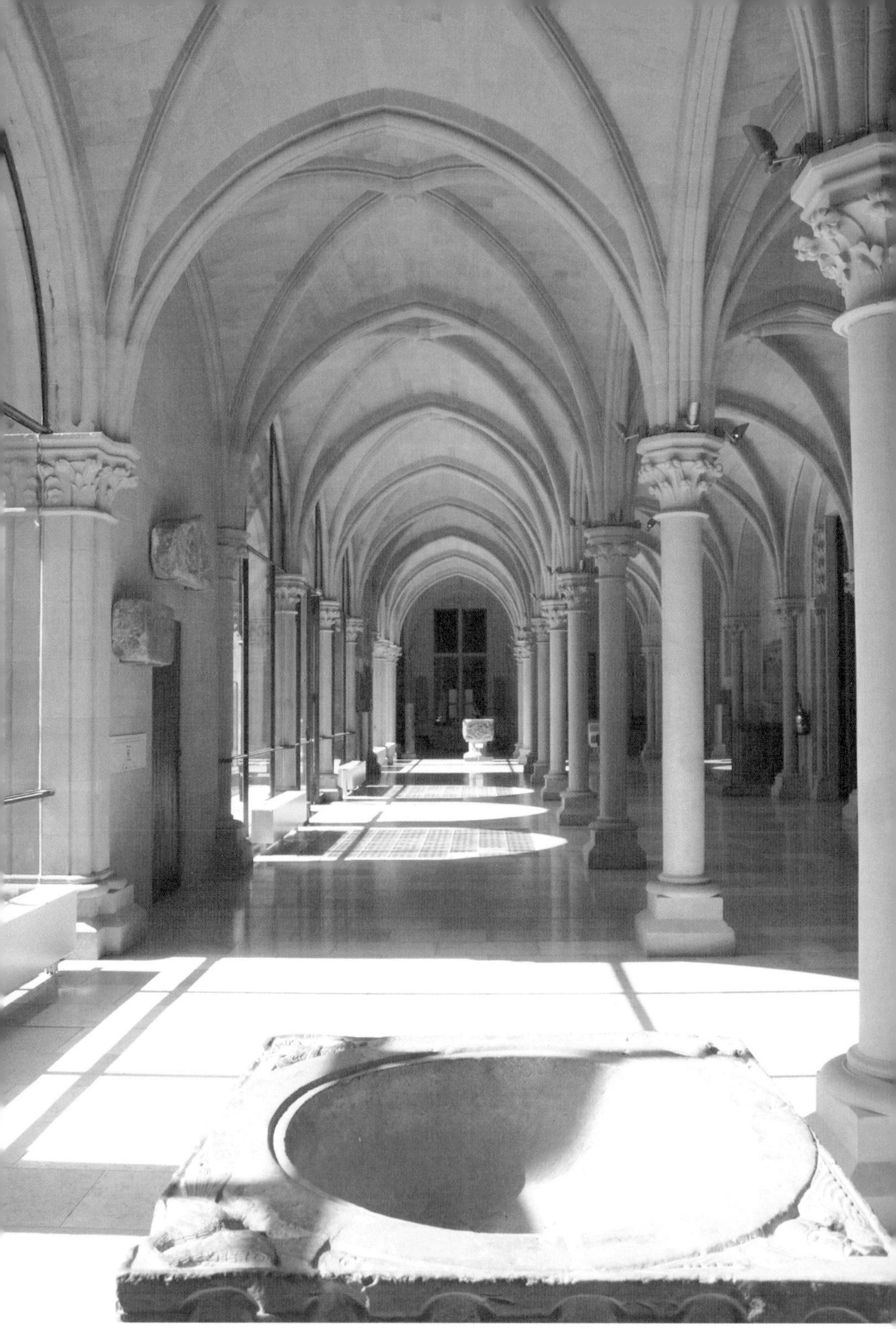

Quartier Européen

Musée du Cinquantenaire
サンカントネール美術館

　ゴブラン織りのタペストリーやレースコレクションなど、ベルギーの装飾工芸品の豊富さで有名な王立の美術館。エジプト、ギリシャ、ローマなどの古代美術から中国、マヤ、アフリカまでの世界各地の発掘品、19世紀までの工芸品を所蔵するとあって、1日ではとても見ることができないほど充実した内容になっています。私たちが特に興味深く見たのは、ファブリックや食器などの日常品や世界の民族衣装の展示。美しい建物の中で雰囲気を味わうだけでも十分に楽めます。

【Musée du Cinquantenaire（Map Page.7-㉜）】
Parc du Cinquantenaire 10, 1000 Bruxelles　TEL: 02 741 72 11　月・祝日休み
9：30〜17：00（土・日10：00〜、入場は〜16：00）　www.kmkg-mrah.be

COLLUMN-2

足を延ばしていきたい美術館

Fondation Folon
フォロン美術館

　広大なソルヴェイ公園内の農場を改築して作られた、ベルギー出身のアーティスト、ジャン・ミシェル・フォロンの美術館。300点を超える作品は、絵画から彫刻、版画、オブジェなど多岐にわたります。音楽と共に作品が動くなど、展示方法もユニーク。カフェテラスもおすすめです。フォロンの穏やかな世界観に浸れる、とっておきの美術館です。
Map Page.6-㉝

Ferme du Château de La Hulpe
Drève de la Ramée 6 A, 1310 La Hulpe
TEL：02 653 34 56　月・祝日休み
9：00～17：00（土・日10：00～18：00）
8ユーロ　www.fondationfolon.be
行き方：フラジェイ広場のバス停（Ixelles Flagey）からTEC366番（Court St.Etienne 行き）のバスに乗り、La Hulpe Etangs Solvayで下車。

ショーケースのような展示スタイル。1つ1つじっくりと見てしまいます。

Musée des Plantes Médicinales et de la Pharmacie
植物と薬局の美術館

ブリュッセル自由大学（ULB）の構内にある、薬草と薬の歴史を学べる、マニアックな博物館。展示スペースといった地味な印象ですが、薬草の複製や薬瓶、植物が描かれた切手など、18のテーマで約1000もの展示物が並び、見応えは十分。オブジェとして見る、薬瓶のデザインも素敵です。

Map Page.7-34

ULB CP 205／04
Campus de la Plaine Bd du Triomphe 1050 Bruxelles
TEL：02 650 52 79　日曜休み
9：00〜18：00（土〜13：00）無料
www.ulb.ac.be/sites/musees/mpmp

PART-2

Manger à Bruxelles
ブリュッセルを食べる

「美食の街」として知られ、ヨーロッパ各国から多くのグルメな人々が訪れるブリュッセル。私たちも何度も訪れていますが、いつも「何を食べてもおいしい」と感動してしまいます。

―――――

　ベルギー料理は、隣接する同じくグルメの国フランスからの調理法を取り入れ、独自に発展していったという歴史があります。そのため、ヨーロッパ全体から見てフランスの地方料理として捉えられることが多いようです。なかには「フランスよりもおいしいフランス料理が食べられる」と豪語する人さえいるのだとか。

―――――

　人口に対するレストランの数が、ヨーロッパで最も多いと言われているベルギー。そして数だけではなくレベルも高いと言われています。まずは地元の人たちに「ブリュッセルの胃袋」と呼ばれ、多くのレストランが軒を連ねる、イロサクレ地区に出かけるのがおすすめ。食に対する意識の高さを実感することができます。

―――――

　ベルギー料理には欠かせないフリッツとビール、そして個性的なチーズ、チョコレートやワッフルというベルギーを代表するスイーツと、地元で昔から愛され続けているお菓子。ここでは、そんなベルギーでしか味わえない食についてご紹介します。

Le plat traditionnel
伝統料理

―――

　フランダース、ワロンという2つの文化を持つ首都ブリュッセルでは、その両方の料理を味わうことができます。

　北海に近い北部のフランダース地方では、ムール貝や小エビ（クルヴェット・グリーズ）などのシーフード料理、アルデンヌの森や渓谷が広がる南部のワロン地方では、生ハムやカモ、イノシシ、野ウサギなどを使った狩猟料理（ジビエ）が特徴。フランス料理にそれらの地方料理がミックスされたのが、ベルギーの伝統料理なのです。

　また春にはホワイトアスパラガス、冬にはチコリ（アンディーブ）など季節の野菜があり、1年を通して食材に恵まれています。そのときにしか味わえない、旬の味を堪能するのも楽しみです。

　ここでご紹介するのは家庭でも作られるような伝統料理。ベルギーを訪れたら、必ず味わってほしいメニューです。

小エビをマヨネーズで和え、くり抜いたトマトに詰めたサラダ「トマト・オー・クルヴェット」も名物のひとつ。

ムール貝の白ワイン蒸し
Moules au vin blanc

エキスたっぷりのスープも楽しめる、
ベルギーを代表するシンプルな料理。

　ベルギーの名物といえばムール貝。7月中旬から4月までのシーズンのうち、秋から冬にかけて旬を迎え、9月から2月までの「R」がつく月が特においしいと言われています。
　大きなほうろう鍋（まるでバケツ！）にムール貝をどんと盛り、フリッツを添えたこの料理。貝を使ってピンセットのように身を摘んで食べていくうちに、ペロリと完食できてしまいます。あっさりとした、パセリやタマネギ、セロリと一緒に煮込んだスープの白ワイン蒸しのほか、トマトやハーブ入りのプロヴァンス風、生クリームを加えたもの、カレー風味のものなど、さまざまなバリエーションがあります。

ワーテルゾーイ
waterzooi

あっさりとしたクリームシチュー風、
フランダース地方の郷土料理

　ベルギー人にとって煮込み料理は、おふくろの味。この料理は、肉や魚を野菜、生クリームと一緒に煮込んで作られています。
　そもそもワーテルゾーイとは、フラマン語で"たくさんの水"という意味。もともとは川魚をたっぷりの水で煮込んだベルギー北部ゲントの郷土料理でしたが、川魚が捕れなくなった現在では、白身魚などの魚介と鶏やウサギなどの淡泊な肉を使うのが一般的。鶏肉の場合、丸ごと1羽を使ってダシを取り、そのまま盛りつけます。
　この料理の主役は、煮汁に卵黄を加えてスープのように仕上げたクリーム。どこか懐かしい味がする、シチューよりもあっさりとした料理です。

カルボナード
carbonnades

ベルギービールでじっくり煮込んだ、
とろとろ肉の、黒くて濃厚なシチュー

　ビール大国のベルギー。ビールを使った料理は中世時代からの伝統的な調理法で、種類も多くあります。
　その中のひとつ、カルボナードは修道院で作られる、甘みのある黒ビールで煮込んだ牛肉のシチュー。フランダース地方発祥の、ベルギーを代表するもうひとつの煮込み料理です。
　ワーテルゾーイとは逆に、ソースはなるべく黒く、とろりと仕上げるのがポイント。甘みのためにジャムやハチミツ、フルーツピューレなど、とろみのためにパンや小麦粉を加えます。牛肉をソテーしてからじっくりとビールで煮込んでいるため、肉はとろとろに柔らか。ベルギー人にとって懐かしい家庭料理です。

伝統料理を食べられるレストラン

グランプラスで手軽に伝統料理を食べられる名店

「伝統的なベルギー料理を食べるなら」と薦められたのがこの店。グランプラスという立地ながら、手頃な価格でおいしい大衆的な料理を食べることができます。血の入ったソーセージ「ブダン」やブリュッセル名物のチーズコロッケ「フォンデュ・オ・フロマージュ」など、さまざまなメニューがあり、大勢で楽しみたいお店です。

【't Kelderke ケルデルク（Map Page.5-㉟）】
Grand-Place 15, 1000 Bruxelles
TEL：02 513 73 44　12：00～翌2：00　無休
http://www2.resto.be/kelderke/default.htm

地元の人たちも通う、ムール貝料理発祥の老舗

ムール貝料理といえば、イロサクレ地区にある「シェ・レオン」。1893年に創業された老舗です。1年を通してムール貝を楽しむことができます。この店で消費されるムール貝は、なんと1日1トンなのだとか。

メニューも分かりやすく、1人前のムール貝とフリッツ、ビールのセットは初心者におすすめです。

【Chez Léon シェ・レオン（Map Page.5-㊱）】
Rue des Bouchers 18, 1000 Bruxelles
TEL：02 511 14 15　11：30～23：00
（金・土～23：30）　無休　www.chezleon.be

Frites
フリッツ

———

　ベルギー人が大好きな食べ物、フリッツとはフライドポテトのこと。実はベルギー発祥の料理なのです。普通のフライドポテトと違うのは、太めにカットしたじゃがいもを二度揚げしていること。外はカリっとして中はホクホク。マヨネーズなど、好みのソースを驚くほどたっぷりかけて食べます。

　フリッツの歴史は意外と古く、18世紀末から19世紀頃、北海沿岸の漁師が魚を捕ることができず、代わりにじゃがいもを揚げていたことが始まり。当時はラードで揚げていましたが、最近は健康面から植物油が使われています。

　どこで食べても同じ味と思ったら大間違い。使用するじゃがいもの種類や揚げ方、油、ソースの種類もお店によってさまざまなこだわりがあります。街中にあるフリッツ屋台（フリトリー）の中で、私たちのお気に入りのお店をご紹介しましょう。

マルシェで見つけた、フリット専用のじゃがいも。主食なだけに種類も豊富で、それぞれに適した料理があります。

フリトリーの中。左の油で一度揚げ、客に出す前に右の油でもう一度揚げ、仕上げに塩をたっぷりふりかけます。

ETS P. DE CORTE

ETS DE CORTE
anno 1892

De Corte Patrick

{ ドゥ・コルト・エ・フィス }
Ets. de Corte et fils

ショッピングの合間に立ち寄りたい。
5世代続くフリトリーの老舗

　遊園地にあるような、昔懐かしい外観の移動店舗。サンカトリーヌ広場という場所柄、おしゃれな親子やカップルが目立ちます。実は5世代に渡って営業する、1892年創業の老舗。冷凍のじゃがいもは使わず、牛脂を使って揚げるという伝統的な製法で作られています。カリッと二度揚げされたフリッツはほどよい塩加減で食べやすく、ソースは6種類から選べます。ほかにもワッフルやベニエ、ソフトクリームなどを販売。1年を通してベルギー中を巡回しているようなので、詳しい場所はサイトをチェックして。

【Ets. de Corte et fils（Map Page.5-㊲）】Place Sainte-Catherine 15, 1000 Bruxelles　11:30〜21:00　不定休　www.patrick-decorte.be

{ メゾン・アントワーヌ }
Maison Antoine

ブリュッセルで人気No.1
わざわざ行く価値ありのおいしさ

　EU地区のジョルダン広場に位置する、1948年に創業したブリュッセルで一番人気のフリトリー。そのおいしさは、『ニューヨークタイムズ』で「世界中でもっともおいしい」と紹介されたほど。ソースはマヨネーズやケチャップなどの定番に加え、コショウやチリソースなどの辛いソース、温かいカルボナードソースなど、なんと29種類。「メゾン・アントワーヌ」のフリッツキャラクターの看板が貼られた広場周辺のカフェには、フリッツを持ち込むことが可能。広場で味わうのはもちろん、カフェでビールと一緒に味わうフリッツは格別です。

【Maison Antoine（Map Page.7-㊳）】Place Jourdan 1, 1040 Bruxelles
11：30〜翌1：00（金・土 〜1：00）無休　www.maisonantoine.be

{ ピタ・ド・ラ・シャペル }
Pitta de la Chapelle

学生たちでにぎわう、
気軽な雰囲気のフリトリー

　サブロン広場とマロル地区の間にある、シャペル広場のフリトリー。紙ではなくプラスチックケースに入れてくれるので、置いて食べられるがうれしい。ソースは全18種類。コロッケなどのスナックも置いていて、学校帰りの子どもたちでいつもにぎわっています。

【Pitta de la Chapelle（Map Page. 6-㊴）】
Place de la Chapelle 15, 1000 Bruxelles　TEL：02 514 06 36
無休　11：00～22：00
（日～20：00）

{ フリット・フラジェイ }
Frit Flagey

こぢんまりとした、
行列が絶えない人気スタンド

　「メゾン・アントワーヌ」と人気を二分するお店。最近リニューアルし、広場の逆側に場所が移りました。フリットとソース、飲み物のお得なセット（4.5ユーロ）も。たっぷりのソースは別売り。小さいサイズのフリットがあるのは、日本人にとってはうれしい限り。

【Frit Flagey（Map Page. 6-㊵）】
Place Flagey, 1050 Bruxelles
TEL：053 66 81 72　11：30～24：00
（金・土～翌2：00）　月曜休み
www.maisonantoine.be

Bière
ビール

———

　ベルギーに行ってまず驚くのは、ビールの種類の豊富さ。ベルギーには120以上の醸造所と800の銘柄があり、ビールを飲めるお店は53,000店にものぼるといいます。

　ベルギービールは、中世に修道院の僧が造り始めたのが最初。種類は大きく分けて10種類あります。大麦麦芽と小麦で造られた、フルーティーな酸味のあるホワイトビール、すっきりと飲みやすい淡色のピルス、自然発酵させた伝統的なランビックビール、修道院にあるレシピと製造方法で造られるアビィビール、トラピスト派修道院でのみ造られるトラピストビール、大きな樽で熟成させる赤い色のレッドビール、アルコール度数が高く、美しい黄金色のゴールデンエール、ワロン地方のセゾンビール、そしてどれにも当てはまらない、個性的なスペシャルビールとそれぞれに特徴があります。いろいろなビールを飲み比べて楽しみましょう。

どのビアカフェにも一番安い価格で置かれている、ピルスビール「MAES（マース）」。口当たりが良く、飲みやすい。

ピルスの代表「Jupiler（ジュピラー）」。味は濃いのにさっぱりと軽く、おいしい。スーパーで安く買うことができます。

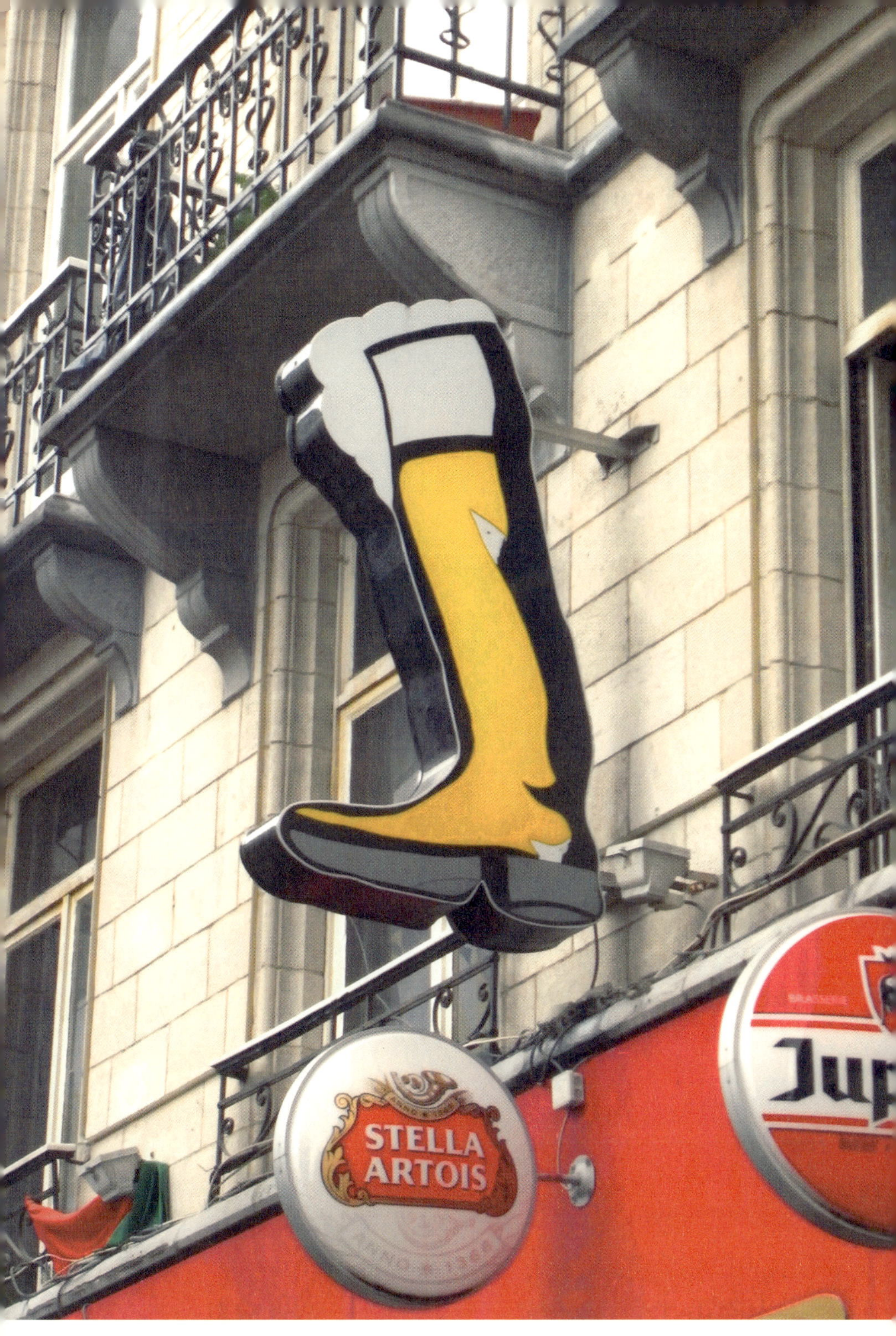
STELLA
ARTOIS

カンティヨン醸造所
Brasserie Cantillon

ブリュッセルで造られる、唯一の地ビール

　ブリュッセルに残る、最後の伝統的な地ビールの醸造所。1900年に設立され、現在4代目が引き継いでいます。ここでは、空気中の野生酵母で自然発酵させるランビックビールの製法過程を見学できます。見学したあとは、酸っぱくて癖のあるグーズビールやフルーツを漬け込んだクリークビールなどの試飲も可能です。

【Brasserie Cantillon（Map Page.6-㊶）】
Rue Gheude 56, 1070 Bruxelles
TEL：02 521 49 28　9：00〜17：00（土10：00〜）
日・祝日休み　6ユーロ　www.cantillon.be

ビール博物館
Musée des Brasseurs belges

ギルドの内部が見られる、試飲が楽しい博物館

　かつてビール醸造所のギルドハウスだった建物を使ったベルギービールの博物館。ビールの製造工程などの映像を見ることができます。「これだけ？」と思ってしまうほどの展示内容ですが、最後に1人1杯のビールを頂けるのが嬉しい。ビールは日替わりで、種類は飲んでからのお楽しみ。

【Musée des Brasseurs belges（Map Page.5-㊷）】
Grand-Place 10, 1000 Bruxelles
TEL：02 511 32 59　10：00〜17：00
（土・日12：00〜）　1/1、12/25休み
5ユーロ　www.beerparadise.be

ラ・フルール・アン・パピエドレ
La fleur en Papier Doré

多くのアーティストが通った、伝説のビアカフェ

　画家のマグリットをはじめとするシュールレアリストや詩人たちが集ったという、雰囲気ある老舗カフェ。壁にはこの店を愛したアーティストたちの作品がぎっしり飾られ、昼間でも薄暗い店内は不思議と落ち着きます。食事もおいしく、私たちのお気に入りのビアカフェです。

【La fleur en Papier Doré（Map Page.6 - ㊸）】
Rue des Alexiens 55, 1000 Bruxelles
TEL：02 511 16 59　月曜休み
11：00〜24：00（日〜19：00）
www.goudblommekeinpapier.be

ア・ラ・モール・シュビット
A la Mort Subite

当時の内装をそのまま残す、昔ながらのビアカフェ

　直訳すると「突然の死」という名の老舗ビアカフェ。昔にタイムスリップしたような内観は、1928年にこの場所に移転して以来、当時のままなのだとか。店と同じ名前のビールは、酸味の強いグーズビール。オムレツやサラダなどの軽食もあるので、ランチタイムに出かけるのもおすすめです。

【A la Mort Subite（Map Page.5 - ㊹）】
Rue Montagne-aux-Herbes Potagères 7,
1000 Bruxelles　TEL：02 513 13 18
11：00〜翌1：00　12/24、25、31、1/1休み
http://alamortsubite.com

トーヌ
Toone

**ビールと人形劇が楽しめる、
ちょっぴり不思議な空間**

　イロサクレ地区の細い路地にある、人形の看板が目印。17世紀に建造された歴史ある建物を利用し、1830年から続くビアカフェ。店内の至る所に人形が飾られ、2階では人形劇が毎日20：30からスタート（土曜日は16：00にも。要予約）。ファンタジックな雰囲気のなかビールを飲むという、珍しい体験ができます。

【Toone（Map Page. 5-㊺）】Rue du Marché-aux-Herbes 66, 1000 Bruxelles　TEL：02 511 71 37　月曜休み　11：00～24：00（日～19：00）
人形劇10ユーロ　www.toone.be

ア・ラ・ベカス
A la Bécasse

**素朴で味わい深い、
陶器に入れられた地ビール**

　グランプラス近くの細い路地にある、1877年に建てられた階段屋根の小さなお店。伝統的なランビックビールに砂糖を加えた「ファロ」を樽出しで楽しむことができる、ベルギー唯一のお店としても有名。ビールを注文すると、中世の頃に使用されていたかわいい陶器のピッチャーで出してもらえるのも特徴です。

【A la Bécasse（Map Page.5-㊻）】Rue de Tabora 11, 1000 Bruxelles　TEL：02 511 00 06　無休
11：00～24：00（金・土～翌1：00）
www.alabecasse.com

デリリウム・カフェ
Delirium Café

ピンクの象が目印。
1番人気のギネス認定ビアカフェ

　ブリュッセルで一番のにぎわいを見せるビアカフェ。それもそのはず、国内外を含め、2000種類以上のビールが置いてある店としてギネスにも認定されています。ヒューグ醸造所の直営で、デリリウムはビールのその醸造所のビールの1種。最近、グランプラスのすぐ近くにもう一店舗でき、ますます人気です。

【Delirium Café（Map Page.5-㊼）】Impasse de la Fidélité 4A, 1000 Bruxelles　TEL：02 514 44 34　12／24休み　10：00～翌4：00（日～翌2：00）
www.deliriumcafe.be

ドゥ・ビア・テンペル
De Bier Tempel

ビールを買うならここ。
帰国前にぜひ立ち寄りたい店

　品揃えが豊富なビールショップ。ビール以外にも、グラスやグッズなどビールに関するものなら何でも揃っています。特にレジ裏に並んだグラスの数は圧巻。ビールの銘柄ごとに専用のものがあるので、ついつい集めたくなります。ビールとセットにしてお土産にどうぞ。

【De Bier Tempel（Map Page.5-㊽）】Rue du Marché-aux-Herbes 56, 1000 Bruxelles　TEL：02 502 19 06　10：00～19：00（夏期～22：00）無休
www.biertempel.be

Fromage
チーズ

———

　ベルギーがチーズの名産地であるということは、あまり知られていません。実はベルギー人はチーズが大好物。大きく角切りにしたチーズにセロリソルトをかけて、ビールと一緒に楽しみます。

　ベルギーのチーズは、ビールと同じく、修道院で作られたのが始まり。シメイやロシュフォール、オルヴァル、マレッツをはじめ、ビールと同じ銘柄のチーズがたくさんあります。

　修道院で作られる以外のチーズも豊富。なかでもフレッシュな「フロマージュ・ブラン」や「フロマージュ・ド・ブリュッセル」は有名です。個性的な「エルヴチーズ」は、洋なしとりんごのジャム「シロ・ド・リエージュ」と一緒に食べるのが定番。スーパーではセットで販売されています。

　チーズの専門店では好きな分量を買うことが可能。日本ではなかなか見られない、ベルギーのチーズをぜひ味わってみて。

ベルギー南部、ディナン近くにある、アビィビールとチーズで有名な修道院で作られる「Maredsous（マレッツ）」。

弾力のある「Chimay à la bière（シメイ・ア・ラ・ビエール）」は、牛乳にホップ液を加えて作った後に、シメイビールで洗って仕上げています。

クレムリー・ド・リンクベーク
Crémerie De Linkebeek

**歴史ある店内も見どころ。
ブリュッセルいち古いチーズ店**

　サンカトリーヌ広場近くにある、1902年創業のブリュッセルで一番古いフロマージュリー。ベルギーのチーズのほか、ヨーロッパ中からチーズやワインを集めています。美しいタイルやカウンターの装飾も必見。自家製のサラダやサンドイッチを買って、目の前の広場のベンチで食べるのもおすすめです。

【Crémerie De Linkebeek（Map Page.5-㊾）】
Rue du Vieux-Marché-aux-Grains 4,
1000 Bruxelles　TEL：02 512 35 10　日曜休み
9：00〜18：00（土 8：00〜）

ル・プチ・ノルマン
Le p'tit Normand

**ワロン地方のチーズが豊富
グランプラス近くのチーズ店**

　グランプラス近くに位置する、青いストライプのファサードが目を引く小さなお店。古くからあるフロマージュリーのひとつで、珍しいワロン地方のチーズ10〜15種類を中心に、さまざまなチーズが並びます。向かいの通りには、ソーセージで有名な同じ店名の肉屋があるので、こちらもチェックして。

【Le p'tit Normand（Map Page.5-㊿）】
Rue de Tabora 8, 1000 Bruxelles
TEL：02 512 61 75　日曜休み
9：00〜18：30（金・土〜19：00）

Chocolat
チョコレート

　ベルギーチョコレートのおいしさは特に有名です。1人当たりのチョコレート消費量は、スイス、ドイツに次ぐ世界3位。年に9.3キロ食べるというベルギーでは、ブリュッセル市内に70店を越えるチョコレート専門店があるといいます。

　ベルギーチョコレートの定番というと、中にクリームやナッツなどを詰めた一口サイズのチョコレート"プラリネ"。それを考案し、ベルギー中にチョコレートを広めたのが「ノイハウス」です。

　そのほか「ゴディバ」や「マリー」、「ヴィタメール」、「ピエール・マルコリーニ」などが、ベルギーを代表するショコラティエ。どの店も材料へのこだわりは強く、カカオ100％で作られているものだけがチョコレートと認められています。

　お店では量り売りが定番。ずらりと並ぶチョコレートから好きな分だけ購入できるのも、本場ならではの楽しみです。

ベルギーを代表する「ノイハウス」のプラリネ。一粒でも購入可能。迷っていると、いくつか試食もさせてくれます。

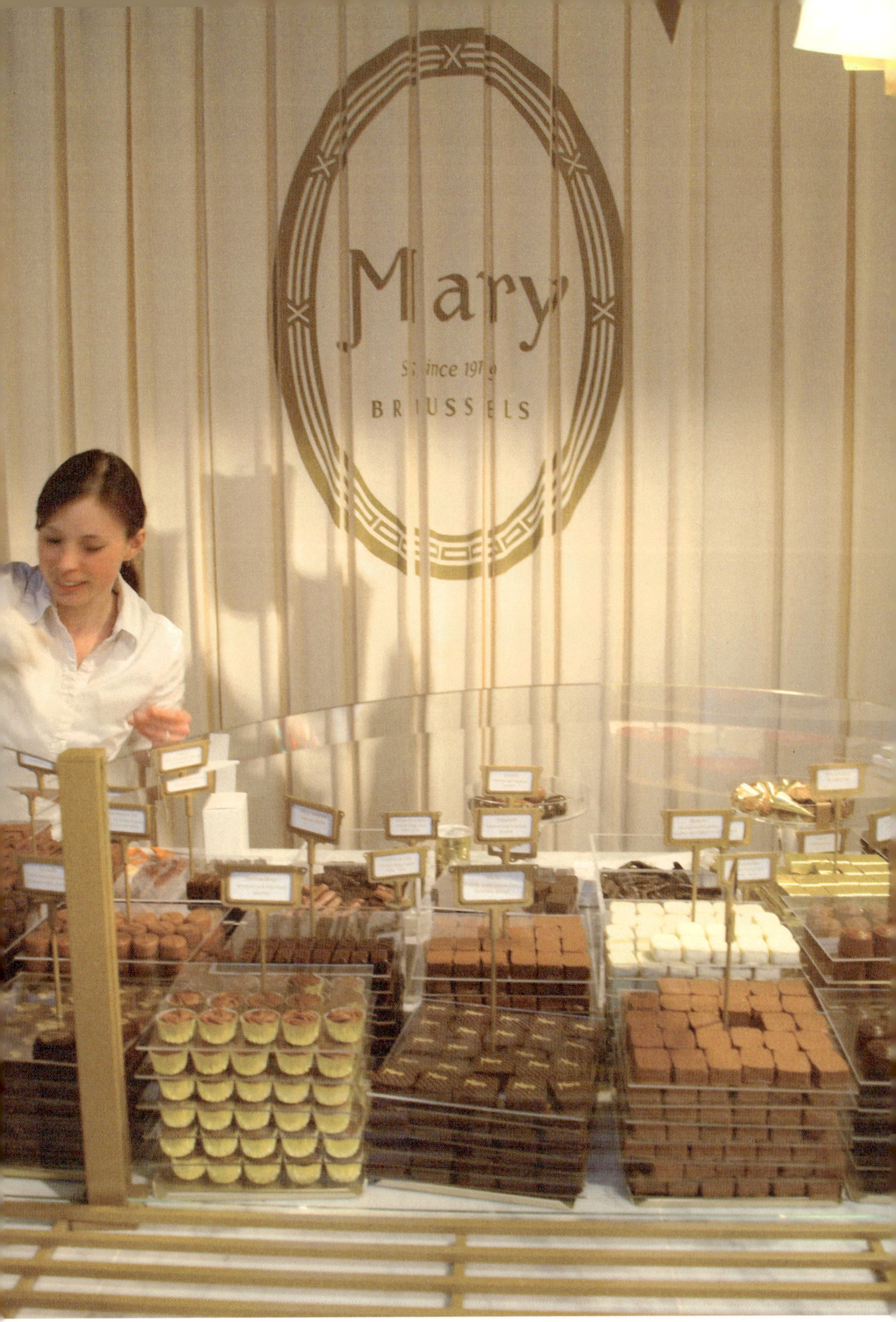
Mary
BRUSSELS

チョコレート博物館
Musée du Cacao et du Chocolat

プラリネ作りの実演も楽しい。
ショコラを知るために、まず訪れたい博物館

　グランプラスの横路地にある、チョコレートに関する歴史や製法について知ることができる、小さな博物館。2、3階の展示スペースには、昔のチョコレート型や広告、チョコレート缶、ホットチョコレートを作るためのポット"ショコラティエール"やカップ＆ソーサーなどの陶器、チョコレートでできたドレスまであり、見応え十分。展示を見終えた後は、できたてチョコレートをつけたベルギーの伝統菓子「スペキュロス」を食べながら、プラリネ作りのデモンストレーションを見ることができます。

【Musée du Cacao et du Chocolat（Map Page.5-㊶）】Rue de la Tête d'Or 9-11, 1000 Bruxelles　TEL：02 514 20 48　10:00〜16:30　月曜休み　5.50ユーロ　www.mucc.be

ノイハウス
Neuhaus

王室御用達にも選ばれた、
ベルギーを代表するショコラティエ

　「ノイハウス」は1857年、スイス人のジャン・ノイハウスによって薬局としてスタート。その後、薬効のある食品として扱っていたチョコレートの専門店となり、いまやベルギー国内だけで60店舗以上あります。
　前述したプラリネだけでなく、今ではどのチョコレート店でも使用されている、チョコレートを傷つけずに入れられる紙箱「バロタン」も考案。ベルギーチョコレートを世界に広めるきっかけとなりました。
　約80種類のチョコレートが並ぶショーケースは圧巻。当時の雰囲気を残す本店は、一見の価値があります。

【Neuhaus（Map Page.5-㊴）】Galerie de la Reine 25-27, 1000 Bruxelles
TEL：02 511 16 59　11:00〜24:00（日〜19:00）　月曜休み　www.neuhaus.be

{ ローラン・ジェルボー }
Laurent Gerbaud Chocolatier

新進気鋭のショコラティエが作る、
甘さ控えめの個性派チョコレート

　2009年にオープンした、注目の若手ショコラティエの店。ベルギーではまだ珍しい、砂糖やバターを使わない甘さ控えめのチョコレートを作っています。そのきっかけは、留学先の中国でチョコレートと相性のいいナッツやドライフルーツ、スパイスに出合ったことによると言います。オレンジピールやジンジャー、ゆずなどのドライフルーツ、ピスタチオなどのナッツをビターなチョコレートでコーティングしたもの、チリペッパー、シナモンなどのスパイスを使ったものなど、ベルギーのチョコレートは甘すぎると感じる人にもおすすめです。

【Laurent Gerbaud Chocolatier（Map Page.5-㉝）】Rue Ravenstein 20, 1000 Bruxelles　TEL：02 511 16 02　無休　10：30〜19：30　www.chocolatsgerbaud.be

マリー
Mary

**可憐なデザインがかわいい
おすすめのチョコレート**

　日本ではあまり知られていませんが、1919年に創業したベルギー王室御用達のお店（日本で有名な「メリー」とは別物）。パッケージのデザインがかわいらしく、ブリュッセルにしか店舗がないため、お土産に喜ばれそう。10人以上の団体なら、アトリエのワークショップの参加も可能です。

【Mary（Map Page.5-㊴）】
Galerie de la Reine 36, 1000 Bruxelles
TEL：02 511 39 59　無休
10：00～20：00（日・祝～19：00）
www.mary.be

ラ・メゾン・デ・メートル・ショコラティエ・ベルジュ
La Maison des Maîtres Chocolatiers Belges

**注目ショコラティエのチョコを
一度に選べるお店**

　ベルギー選りすぐりのショコラティエ10人のチョコレートを販売する、お土産探しにぴったりのショップ。10人のチョコレートの詰め合わせも購入でき、いろいろな味を食べ比べすることも可能。2階では定期的にデモンストレーションや団体向けにワークショップも開催しています。

【La Maison des Maîtres Chocolatiers Belges（Map Page.5-㊱）】Grand Place 4, 1000 Bruxelles　TEL：02 888 66 20　無休
10：00～22：00（日～19：00）www.mmcb.be

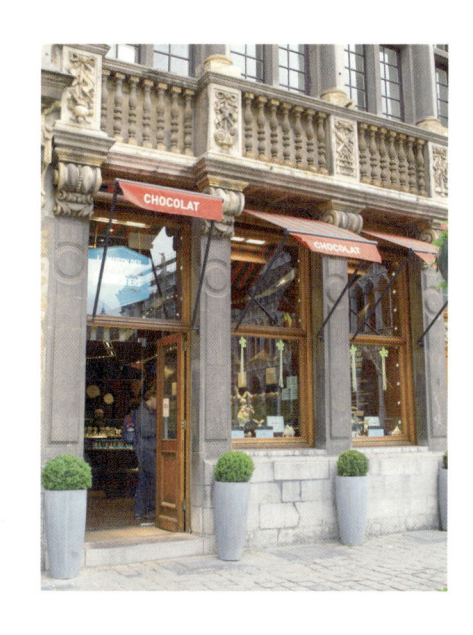

Gaufre
ワッフル

———

　日本で一大ブームとなったワッフルも、ベルギー発祥のスイーツ。中世の頃からあると伝えられる古典的なお菓子で、現地ではゴーフル（フランス語でハチの巣の意）と呼ばれています。

　ベルギーのワッフルは、ブリュッセル風とリエージュ風の2種類が主流です。日本で"ベルギーワッフル"として知られているのは、実はリエージュ風。パールシュガーが入った少し重めの生地を押しつぶして焼いたもので、外側はカリッと焼かれて食べ歩きにもぴったり。一方、ブリュッセル風は大きな長方形で軽く、サクサクとした食感。粉砂糖をかけただけのシンプルなもののほか、お好みでたっぷりの生クリームやチョコレート、アイスクリーム、フルーツなどをトッピングしたものもあります。

　街やマーケットでは多くのワッフル屋台を見かけますが、どこでも大行列。子どもから大人まで大好きなスイーツなのです。

街のあちこちで見かけるワッフル屋さんの屋台。焼きたて、アツアツのワッフルは、歩きながら食べるのにぴったり。

97

ダンドワ
Dandoy

ゆっくりワッフルを味わえる、
お菓子の老舗に併設された穴場ティーサロン

　1829年に創業したベルギー伝統菓子の老舗。スパイス入りのビスケット「スペキュロス」が有名なお店ですが、支店のこちらには2階にティーサロンを併設。落ち着いた雰囲気のなか、焼きたてのワッフルを食べることができます。ワッフルは国産の材料を使用。ブリュッセル風、リエージュ風どちらもあり、チョコレートや自家製のアイス、フルーツなどのトッピングも豊富。特にブリュッセル風はシンプルで甘さが控えめなので、ぜひトッピングを楽しんでみて。1階ではワッフルのテイクアウトも可能です。

【Dandoy（Map Page.5-㊱）】Rue Charles Buls 14, 1000 Bruxelles
TEL：02 512 65 88　無休　9:30～18:30（日10:30～）　www.dandoy.net

ベルゴーフラ
Belgaufra

ブリュッセル中に点在する、
リエージュ風ワッフル専門のスタンド

Belgaufra

もっと気軽にワッフルを楽しみたい人には、街中にあるワッフルスタンドもおすすめ。特に、ブリュッセル市内に11のスタンドを構えるチェーン店「ベルゴーフラ」のおいしさは格別です。

スタンドといっても、1950年からリエージュ風ワッフルを専門に作り続ける老舗。材料や製法にこだわって作られたワッフルは、20cmほどと大きいので食べ応えも十分。プレーンのほか、チョコレートをコーティングしたものや生クリームのトッピングもあります。目の前ですぐに焼いてくれるので、アツアツを味わうことができます。

【Belgaufra（Map Page. 5-(57)）】Rue Neuve 52, 1000 Bruxelles　TEL：02 217 71 80
無休　9：30～19：00　www.belgaufra.com

Sucreries
スイーツ

───────

　ベルギーのお菓子はチョコレートやワッフルだけではありません。地元のケーキ店やパン屋、マーケットや屋台などを見ていると、日本ではあまり食べられないような珍しいスイーツに出合うことができます。

　「ダンドワ」をはじめ、お菓子屋さんなどで販売されている「スペキュロス」は、シナモンのほか、数種類のスパイスの入った伝統的なクッキー。型を使って焼かれ、特に日本の子どもの日に当たる12月6日の聖ニコラの日には、聖ニコラの形のスペキュロスが店頭に並びます。またカフェなどで見かける「ダム・ブランシュ」は、バニラアイスの上にホットチョコレートをかけた、見た目にも甘いベルギーならではのデザートです。

　どれも現地でしか味わえない味。なかでも、私たちが街でよく見かけて気になったスイーツをご紹介します。

カフェモカを注文しても、こんなに生クリームがたっぷり。ベルギー人は本当に甘いものが好きと実感させられます。

ベニエ
Beignets

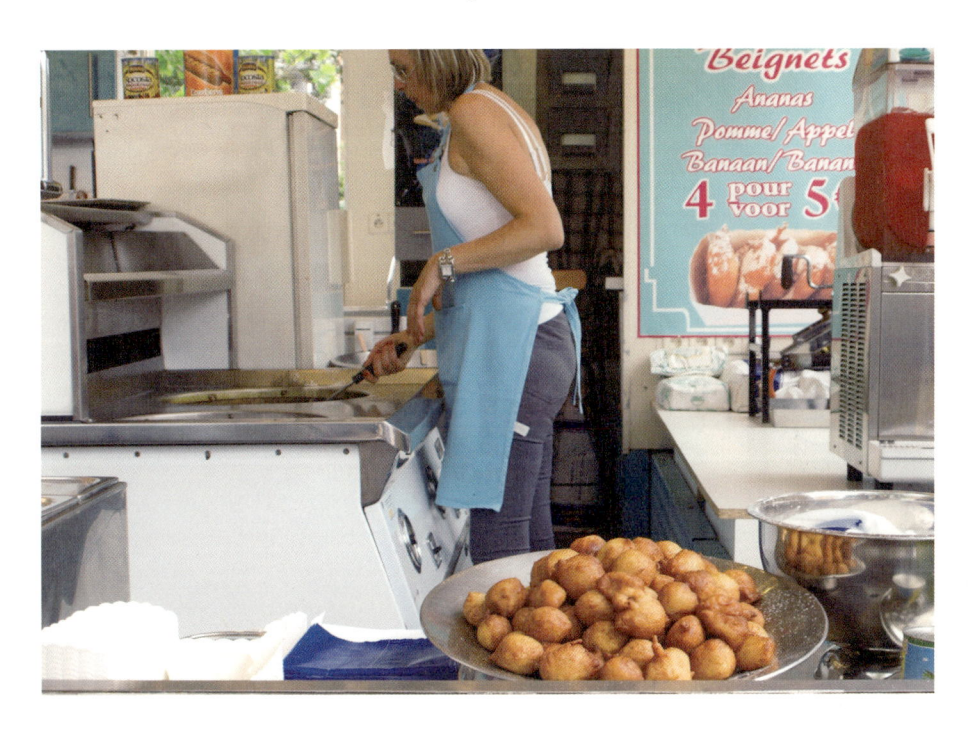

移動遊園地の定番。
アツアツを召し上がれ

　移動遊園地などの屋台でよく目にするのが、ベニエ（フランス語で衣揚げのこと）。小麦粉に水、卵、砂糖を加えて一口大に丸く成形し、たっぷりの油で揚げて粉砂糖をふりかけて作られた、一番人気の屋台菓子です。粉砂糖を衣が見えないくらいにかけるのがベルギー流。飲みものがないと食べられないほど、甘いスイーツです。
　このベニエ、フランスではカーニバル（謝肉祭）のときに食べられているお菓子。形は少し違いますが、そのルーツは同じなのかもしれません。ほかにもりんごやバナナ、あんずなどのフルーツにこの衣をつけて揚げたものも。アツアツを渡されるので、やけどしないように注意しましょう。

砂糖菓子・グミ
Confiserie

大人も子どもも夢中になる、
なつかしい屋台菓子

　こちらもマルシェなどの屋台で定番のコンフィズリー。とても体にいいとは思えないようなカラフルな色をした、さまざまな形のキャンディーや砂糖菓子、グミなどがずらりと並びます。量り売りされているので、何種類も買って同じ袋に入れてもらい、歩きながら食べています。

　なかでも特徴的なものは、円錐形の砂糖菓子はゲントの地方菓子「キュベルドン（フラマン語で鼻の意）」。中にはとろっとしたフルーツのシロップが入っています。真っ黒なグミの原料はアニス。八角のような強い香りがして、スイーツというよりも薬のよう。どれもベルギー人なら大好きなお菓子です。

タルト・オ・リ
Tarte au riz

コンビニスイーツの定番？
不思議な食感のタルト菓子

　「タルト・オ・リ」はその名の通り、お米を使ったタルト。ベルギー南部、リエージュ州ヴェルヴィエの郷土菓子です。
　作り方は牛乳にシナモン、米、バニラを入れ、湯煎にかけて弱火でじっくり煮ます。米が柔らかくなったら砂糖を合わせて一晩寝かせ、焼く直前に卵と合わせパイ生地の上に流し込んで焼きます。ざっと作り方を書くだけでも、手間ひまをかけて作られていることが分かります。
　はじめは「タルトにお米？」と少し抵抗がありますが、食べてみるとプリンのような生地に米の食感が感じられ、ほんのりと甘くておいしい。パン屋やお菓子屋、コンビニなどでも買うことができます。

マロル地区のオート通りにあるのは、「タンタン」の著者Hergé作の漫画『Quick et Flupke』のひとコマ。

COLLUMN-3

街を歩けば"壁画"にあたる！
ブリュッセルで漫画ウォール探し

　タンタンをはじめ、スマーフやラッキー・リュークなど、世界中で愛される漫画を生み出してきたベルギーにとって、漫画は"アート"。書店には、翻訳された日本の漫画もいっぱい。日本とベルギーには"漫画文化"という意外な共通点がありました。

　そして、ブリュッセルの街を歩いていると、さまざまな漫画の1コマが描かれた壁に出会えます。その数、なんと約30カ所。インフォメーションで漫画壁画をまわるルート付きマップが手に入るので、ぐるりと街を一周しながら、漫画アート鑑賞してみるのもおすすめ。知らなかったブリュッセルの文化が見えてきます。

ジュ・ド・バル広場近くにあるRoba作の『Boule et Bill』の壁画は、主人公Bouleが蚤の市で買ったものを、壁画の横の道を運んでいる様子を描いています（写真真ん中）。そのように、実際の風景と漫画を同化させたり、そのエリアの特徴を描くなど、遊びごころが満載。漫画の絵がクラシカルな街並みにしっくり溶け込んでいるのは、ブリュッセルの景観を考えながら描いているからこそ。漫画家たちの愛を感じます。

もとは織物工場だったという、ヴィクトール・オルタ設計の美しい建築は必見。

COLLUMN-4

"漫画"アートの神髄に触れる
ベルギー漫画センター

　漫画に興味があろうとなかろうと、ブリュッセルを訪れるなら、このベルギー漫画センターに一度は"漫画詣で"してみるべき。1906年にアール・ヌーヴォーの巨匠ヴィクトール・オルタが設計した建物の美しさに圧倒されつつ階段を登ると、タンタンやスマーフなどおなじみのキュートな漫画キャラクターたちが出迎えてくれます。ベルギーの60年以上にわたるマンガの歴史や、4500点を超える原画の展示を美しい建築とともに堪能することができます。

　真剣に見たあとは、併設のカフェでビールや食事を楽しんでも。世界の漫画を集めたライブラリーや、物販コーナーも充実。キャラクターのフィギアやポストカードはお土産に◎。

【Centre Belge de la Bande Dessinée（Map Page.5-㊳）】
Rue des Sables 20, 1000 Bruxelles　TEL：02 219 19 80　10：00〜18：00
月曜、1／1、12／25休み　8ユーロ　www.comicscenter.net

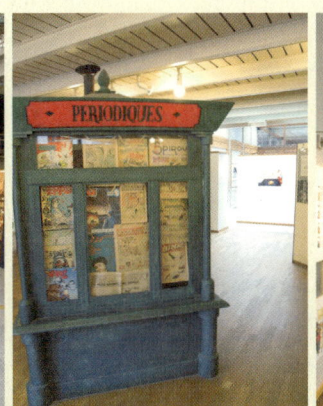

PART-3

Apprécier l'Art Nouveau

アール・ヌーヴォーを観る

ベルギーはアール・ヌーヴォー誕生の地であり、ブリュッセルは「アール・ヌーヴォー建築の聖地」と呼ばれるほど、多くの建築が残る貴重な都市。「新しい芸術」という意味を持つアール・ヌーヴォー様式は、19世紀末から20世紀初頭にかけてヨーロッパで流行したスタイルで、植物を模した繊細な曲線や昆虫などのモチーフに彩られた自由なデザインが特徴です。建築をはじめ、アクセサリーや絵画など、あらゆるジャンルに影響を与えましたが、第一次世界大戦や戦後の産業革命によって、たった20年ほどで終焉を迎えてしまいました。

――――――

　優雅で華やか、上品で大胆。アール・ヌーヴォーを味わうには、建築を観るのが一番です。ブリュッセルは、街のあちこちに1000以上のアール・ヌーヴォー建築が残り、そのうち建築的価値があるものは200を超え、なかにはユネスコ世界遺産にも登録されているものも。そんなベルギーのアール・ヌーヴォーを観るうえで覚えておきたいのは、ヴィクトール・オルタとポール・アンカールという2人の偉大なる建築家。ブリュッセルのアール・ヌーヴォー建築はこの2人によって発展していきました。

――――――

　ブリュッセルを歩くうえでおさえておきたいアール・ヌーヴォー建築。移り変わる時代を感じながら、その優美な世界観を堪能しましょう。

Musée Horta
オルタ邸

アール・ヌーヴォー建築の巨匠、ヴィクトール・オルタが自ら設計し、1898年~1901年にかけて建設された自邸。2000年に世界遺産に登録されました。現在は博物館なので、誰でも入ることができます。

中に入ると、ステンドグラスの天井や壁の装飾の美しさに圧倒されます。床のタイル、ドアのパーツ、家具……すべてがすばらしく、ため息しか出ません。オルタは自邸が完成したあと、増殖するアール・ヌーヴォーに嫌気がさし、この様式から遠ざかったそうですが、このオルタ邸がオルタの最高傑作であることは間違いありません。

【Musée Horta (Map Page.7-(59))】rue Américaine 25, 1060 Bruxelles
TEL：02 543 04 90　14：00～17：30　月曜、イースター、5／1、7／21、8／15、11／11、12／25、1／1、祝日休み　7ユーロ　www.hortamuseum.be

MOTOKO SASAKI@SOFAM-2011

Hôtel Hannon
アノン邸

　エンジニアだったエドゥアール・アノンが友人の建築家ジュール・ブランフォに設計を頼み、1902年に完成したアノン邸。エントランスを入ると円形状のホールがあり、アーチ状の天井に向かって続く螺旋階段の壁には、美しい絵画が。ティファニーのステンドグラスが光を受けて輝く様子は、まるで夢の世界のよう。

　アノンは、21才でベルギー写真協会を立ち上げるほどの写真好きだったので、現在は「現代写真センター」に。玄関は鍵がかかっていますがベルを鳴らすと開けてくれるので、ご安心を。

【Hôtel Hannon（Map Page.6-⑳）】Avenue de la Jonction 1, 1060 Bruxelles
TEL：02 538 42 20　11：00〜18：00（土日は13：00〜）
月・火曜、7／15〜8／15、祝日休み　2.5ユーロ　www.contretype.org

Maison Cauchie

コーシー邸

壁画作家だったポール・コーシー自らが設計し、1905年に建設された自邸。コーシー夫妻没後に廃れていたのを散歩中のアール・ヌーヴォーマニアが見つけて1980年に購入（！）。1985年にイタリアのフレスコ画家によって壁画が修復されると、“ブリュッセルで一番美しいアール・ヌーヴォー建築”と呼ばれるまでに。ファサードに描かれた金に輝く女性が掲げているのは、「Par Nous, Pour Nous（我々により、我々のために）」というスローガン。曲線と幾何学的な直線との組み合わせたデザインは、ウィーン風だそうです。

【Maison Cauchie（Map Page.7-(61)）】Rue des Francs 5, 1040 Bruxelles　TEL：02 733 86 84　毎月第一土・日曜 10：00～13：00、14：00～17：30（入館は～16：45）／夏期の毎週火曜 18：00～21：00（入館は～20：30）　5ユーロ　www.cauchie.be

Maison Tassel
タッセル邸

　のちに"アール・ヌーヴォー"の父と呼ばれるヴィクトール・オルタが、1893年32才のときに設計した記念すべきデビュー作。幾何学教授のエミール・タッセルが、オルタの才能に目をつけて設計を依頼した作品で、世界遺産にも登録されています。ベルギーの一般的な住居は、道路に面しての間口が狭く、奥行きがあるのが特徴。そのため、いかに正面（ファサード）を目立たせるかが建築家の腕のみせどころですが、タッセル邸のファサードはわりと地味め。一般公開はしていませんが、外から見えるステンドグラスや繊細な模様が彫られたドアは一見の価値あり。

【Hôtel Tassel（Map Page.7-㊷）】Rue Paul-Emile Janson 6, 1050 Bruxelles　内部見学不可

©OPT-Ricardo de la Riva

Art Nouveau architecture

Hôtel Solvay
ソルヴェイ邸

　1895～1903年にかけて建設された、オルタ最高傑作のうちのひとつ。世界遺産にも登録されています。
　オルタの建築家としての道が開けたのは、工業製法の特許で大企業となったソルヴェイ社のサロンに出入りするようになったから。そこには、キュリー夫人やアインシュタインなど著名な科学者が集っていたそう。そして、オルタのパトロンとなったアルマン・ソルヴェイのために設計したのがここ。資金の制約が一切なく、自由な環境で作ったソルヴェイ邸は、贅をつくした"豪邸"です。

【Hôtel Solvay (Map Page.7-㉝)】Avenue Louise 224, 1050 Bruxelles
TEL：02 640 56 45　内部見学は文書やメールにて要予約。
info@hotelsolvay.be　　www.hotelsolvay.be

©OPT-Ricardo de la Riva

Maison Paul Hankar
ポール・アンカーの自邸

　オルタと並び、ベルギーを代表する2大巨匠の一人、ポール・アンカー自らが設計し、1983年に完成した自邸。ファサードのデザイン性の高さで人気があったアンカーならではの遊びごころがいっぱい。アンカーは、アール・ヌーヴォー全盛期の1901年に42才で亡くなりましたが、彼の作品はブリュッセルを華やかに彩っています。

【Maison Paul Hankar（Map Page.7-64）】
Rue Defacqz 71, 1060 St-Gilles Bruxelles
内部見学不可

Hôtel Saint-Cyr
サンシール邸

　画家サン・シールのアトリエ兼住居は、1903年にオルタの弟子ギュスターヴ・スロトーヴェンが24才のときに設計したもの。個性的な円形窓や棟飾りのゴテゴテ感に、当時「かんしゃく持ちのマカロニ」というあだ名が付けられたそう。オルタのデザインとは遠くかけ離れていますが、若いパワーにあふれた自由さを感じます。

【Hôtel Saint-Cyr（Map Page.7-65）】
Square Ambiorix 11, 1000 Bruxelles
内部見学不可

Art Nouveau architecture

Hôtel Ciamberlani
シャンベラーニ邸

　1897年に建設されたイタリア貴族の画家シャンベラーニの住宅は、ポール・アンカーの最高傑作と言われています。大きな円窓と直線の幾何学デザインの融合、画家クレバンによるフレスコ画の美しさは必見。太陽の光を受けて、キラキラと黄金に輝いています。「街並みをギャラリーのように飾りたい」と思い描いていたアンカーのファサードデザインへの熱い想いが集結しているかのよう。

　この美しいファサードは、2006年に完全修復されたそう。"3つの生命"とヘラクレスをテーマにした絵が描かれています。

【Hôtel Ciamberlani（Map Page.7-G6）】Rue Defacqz 48, 1050 Ixelles
内部見学不可

Maison Les Hiboux
みみずく邸

1899年にエドゥアルド・ペルスネールによって建設された「みみずく邸」は、その名の通り“みみずく”のモチーフを象徴として使われています。玄関ドアの上には「スグラフィット」という技法で描かれたみみずくの絵、てっぺんを見上げると石製のみみずくが鎮座。ドア上の窓の形やステンドグラス、アイアン飾りも素敵です。

【Maison Les Hiboux (Map Page.6-(67))】
Avenue Brugmann 55, 1060 St-Gilles Bruxelles
内部見学不可

Maison de la rue Faider
フェデル街の住宅

オルタの弟子、アルベール・ローゼンブームが2000年に建設。師匠であるオルタのタッセル邸（113ページ）の出窓と、アンカーのシャンベラーニ邸（116ページ）のフラスコ画を配した壁面構成をうまく組み合わせています。現在もアパートとして使われています。

【Maison de la rue Faider (Map Page.7-(68))】
Rue Faider 83 1050 Ixelles Bruxelles
内部見学不可

Art Nouveau architecture

アール・ヌーヴォー建築のカフェやショップ

Le Cirio　ル・シリオ

　昔のブリュッセルの面影を残す、1883年創業の老舗カフェ。画家のマグリットも常連だったとか。ネオ・ルネッサンスとアール・ヌーヴォーの要素を取り入れた建築様式は、ブリュッセルの文化遺産に認定されています。

【Le Cirio (Map Page.5-⑥⑨)】Rue de la Bourse 18-20, 1000 Bruxelles　TEL：02 512 13 95　10:00〜24:00　無休

Jardin d'enfants　幼稚園

　1900年、オルタ設計によって建てられたアール・ヌーヴォー建築ではじめての公共施設。教室やロッカールームなどベーシックな要素を備えながら、アイアンワークやデザインでアール・ヌーヴォーを取り入れているそう。

【Jardin d'enfants (Map Page.6-⑦⓪)】Rue Saint-Ghislain 40, 1000 Bruxelles　TEL：02 513 89 40　内部見学不可

Marjolaine　マジョレーヌ

　アンカーの弟子レオン・スネイヤーによる設計。ファサード装飾の美しさにこだわった美しい外観で、現在はアンティークショップに。花柄が描かれたシャッターもかわいい。

【Marjolaine (Map Page.5-⑦①)】Rue de la Madeleine 7, 1000 Bruxelles　TEL：02 513 20 54　月・火・日曜休み　12:00〜19:00

オルタの弟子オウバン設計によるカフェレストラン「Falstaff」(ファルスタッフ)。
【Falstaff (Map Page.5- 72)】19 rue Henri Maus 1000 Bruxelles　TEL:02 511 87 89　無休　12:00〜4:00　www.lefalstaff.be

Art Nouveau architecture

名も無きアール・ヌーヴォー建築

ブリュッセルの街を歩いていると、とにかくたくさんの"無名"のアール・ヌーヴォー建築を観ることができます。年月を経て、持ち主が替わってしまったために詳しいことがわからなくなってしまったものも多いようですが、そんな"味のある"アール・ヌーヴォー建築こそ、自分の足で見つける楽しみがあります。特に、ルイーズ地区やEU地区に密集するように残っているので、レンタサイクルでまわってみるのもおすすめです。

COLLUMN-5

すべての駅がギャラリーに
メトロ途中下車の旅

　ブリュッセルの移動はメトロやトラムが便利。切符は、メトロ・トラム・バス共通で、1回券は1.70ユーロ、5回券は7.30ユーロで、窓口や券売機で購入できます。1日券4.50ユーロや、3日券9.50ユーロもあるので、旅のスケジュールに合わせて使い分けましょう。ブリュッセルの各地下鉄のホームや改札には、フォロンやエルジェなどベルギーの有名なアーティストの作品が飾られています。趣向をこらした絵やオブジェはすべての駅をチェックしたくなるほど。また、地下鉄ホームには陽気なポップスが流れていて、これは犯罪防止に効き目があるそうです。　公式サイト www.stib.be

Alma［アルマ］

Beekkant［ビーカント］

Bizet［ビゼー］

De Brouckère［ド・ブルッケール］

Gare du Midi ［ガール・ドュ・ミディ］

Lemonnier ［ルモニエ］

Maelbeek ［マルベーク］

Merode ［メロード］

Montgomery ［モンゴメリー］

Parc ［パーク］

Porte de Hal ［ポルト・ド・アル］

Stockel ［ストッケル］

123

PART-4

Vivre à Bruxelles
ブリュッセルの暮らし

これまで、名所や食文化などを紹介してきましたが、それだけではブリュッセルを知ったことにはなりません。ブリュッセルの人たちはどんなことが好きで、休日をどう過ごして、どんな気質なのか……それがわかれば、ブリュッセルがもっと身近になるでしょう。

―――――

　前にも書いたとおり、ベルギーのワロン地方とフランダース地方では言語や風習に違いがあります。そして、首都・ブリュッセルはそのどちらの影響も受けつつ、そのどちらでもありません。フランダース地方に位置しながらも独立し、公用語はワロン地方と同じフランス語を話します。また移民が多く、ブリュッセルで生粋のベルギー人に出会うのは難しいほどです。ブリュッセルで暮らす人たちは「みんなブリュッセル人だよ」と笑います。"ブリュッセルらしさ"は、そこにヒントがありそうです。いろんな文化が混ざったことで、小さなことにこだわらないおおらかさや、いろんな国のいいところを取り入れるちゃっかりさが生まれました。

―――――

　ブリュッセル人たちと話してわかったのは、みんなが自分の生活や時間を大切にしているということ。休日をのんびり過ごしたり、家族を大切にしたり、森や緑に触れたり……。そのための環境がブリュッセルには揃っています。知れば知るほどブリュッセルで暮らしたくなるはずです。

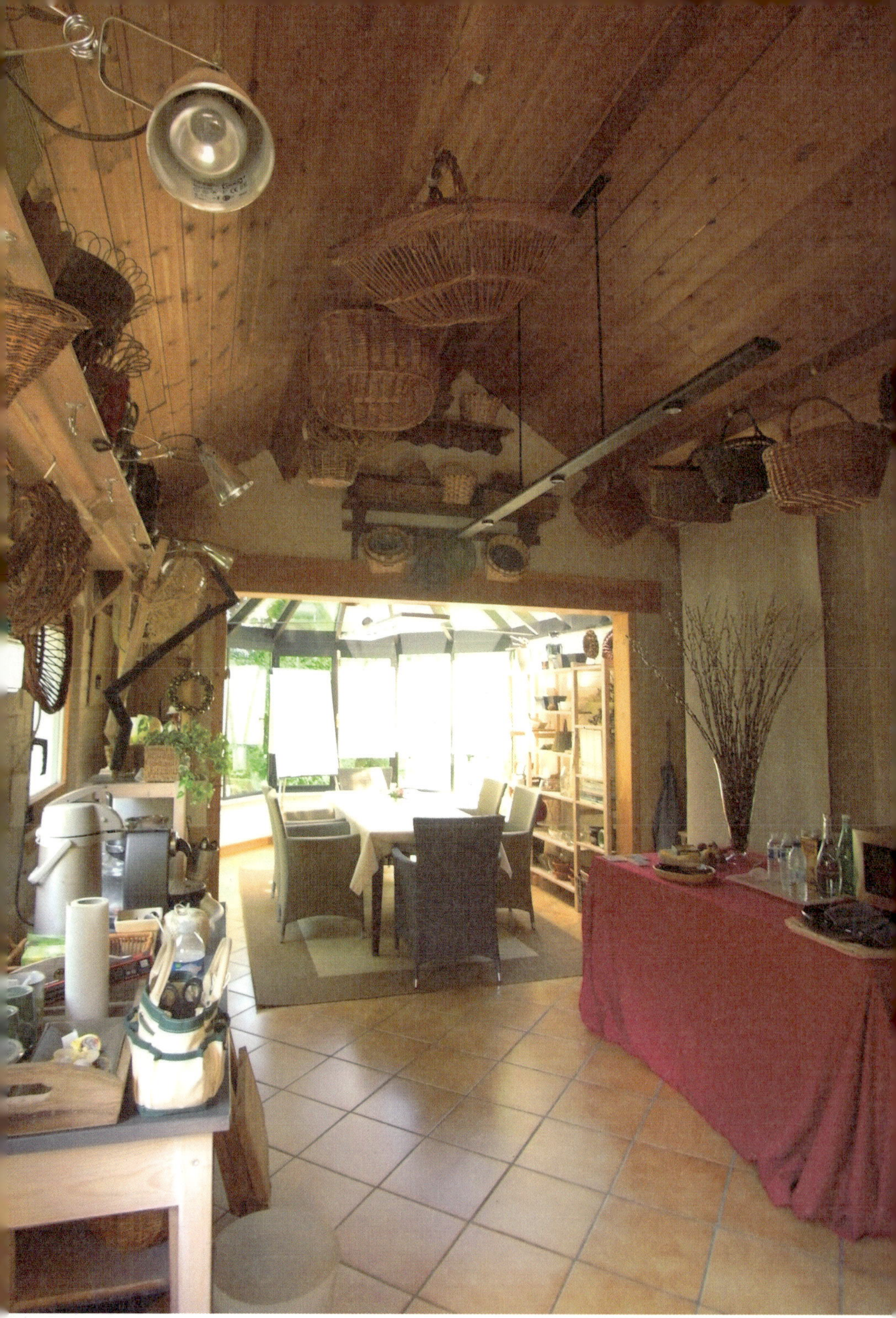

~ ブリュッセルの暮らし ~
料理と庭いじりを愛する
マギーさんの日曜日の過ごし方

今日は日曜日。
さて、どこに行きましょうか。

　ブリュッセルの郊外に住むマギーさん。結婚して35年、今は整骨療法師の旦那さんとの2人暮らしです。
　マギーさんはワロン地方のリエージュで生まれ、ブリュッセルには13才のときに引越してきました。
　「リエージュは本当に小さい街だったから、道で会う人のほとんどが知り合いだったのよ。ブリュッセルは大きな街だから最初は慣れるのが大変だったけど、順応しやすいのが私のいいところ(笑)。ここはブリュッセルの中心に近いのに、公園や森が近く、のんびりしているところが気に入ってるわ」

起きたらまずは、日曜市へ。
散歩がてら、のんびり向かう

　朝9時頃。マギーさんは自宅から歩いて20分ほどのマルシェへ買い物に出かけます。いつも植木を買うお花屋さんやなじみの八百屋さんがいる勝手知ったるマルシェで、まずは丸焼きチキンを買うのがいつものコース。

　「ベルギーでは、日曜にマルシェで買ったチキンを食べるのよ」とマギーさん。ベルギーは日曜日が休みの店がほとんど。また、家族がのんびりする日でもあるので、調理済みのチキンを買って食べるようになったのだとか。マルシェで大量のチキンがぐるぐるまわりながらローストされているのはそのためです。

週末は、いつも息子夫婦と孫たちが遊びに訪れます。家族みんなで市場に行くのも通常の風景。

家族がよろこぶ
愛情たっぷりのおいしい料理

「レストランが開けるぐらいおいしい」と家族が絶賛するマギーさんの料理。歳を重ねた今は、素材の味と栄養を損なわない「蒸し料理」や「ローフード」など、身体にやさしい料理を作るようになりました。台所には、最新の調理道具や厨房並みのオーブンが揃い、"いいものは取り入れる"ベルギー人気質が発揮されています。

料理上手のマギーさんのところには、日曜になると家族が集まってきます。マルシェで買った野菜でサラダを作り、チキンをあたためなおせばベルギー流サンデーランチが完成。大切な家族と庭を眺めながら食べるランチは格別です。

上：5〜6月の旬の食材ホワイトアスパラはバターソースで。下：あたためるだけのチキンはとってもジューシー！

庭づくりがライフワーク
緑のある暮らしを楽しむ

孫たちのために庭に
ちいさな家を設置。
まるで森のなかの秘
密基地みたい。

　マギーさんの家にお邪魔して、ためいきがこ
ぼれたのが庭の美しさ。まるで迷路のようにど
こまでも続く庭を案内してもらいながら、あま
りの広さに驚いていると「もとは近所の13戸分
の庭がつながった広い敷地だったの。それを
緑の壁で仕切り、それぞれの庭をつくったの。
奥はつながっているから、みんなが自由に歩き
回れるのよ」とマギーさん。20年かけて一人で
つくったのだそう。ベルギー人にとって、庭づ
くりは生活の一部で大切な存在。
　「家のどこからでも庭が見えるのがいいで
しょ？ベルギー人は緑が本当に好きなの」

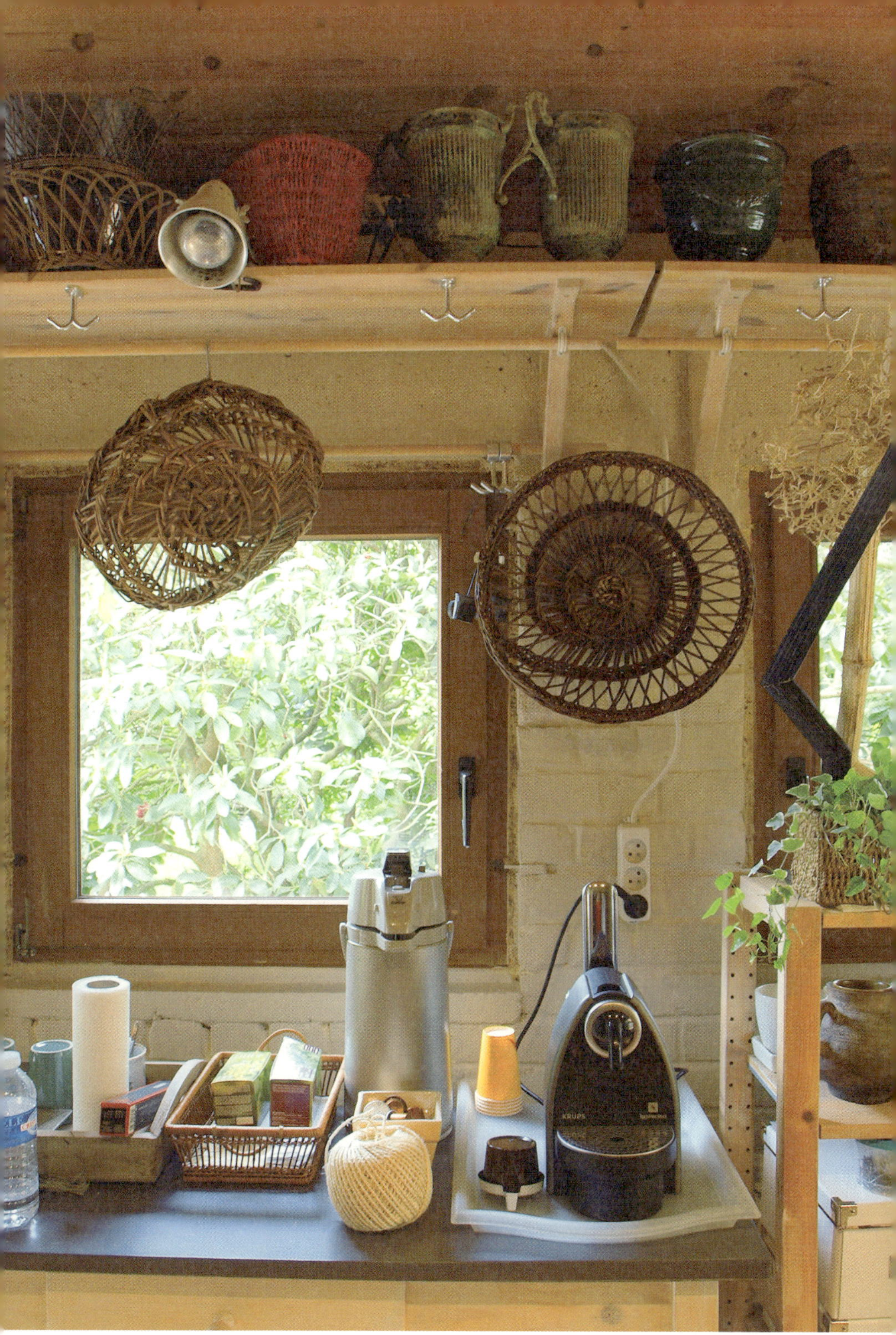
KRUPS

J'aime ♥ Bruxelles
私はブリュッセルが好き

**月曜の夜はサンジールの
マルシェへ！**
エロディさん［20代］

♥ 01

カフェで隣の席になったエロディさん。旅行が趣味で、近々ロシアに行く予定。
「ブリュッセルはいろんな国の人に出会えるのが楽しい。おすすめはサンジールのマルシェよ！」

**ブリュッセルは
大きな村みたいなもの**
ローランさん［40代・ショコラティエ］

♥ 02

P94で紹介したショコラショップ「ローラン・ジェルボー」のショコラティエ。
「ブリュッセルはとにかく居心地がいいよ。大きな村みたいなかんじ。歩いていると絶対友達に会うんだよ」

**パリよりも
住みやすいところが好き**
オネンヌさん［30代］

♥ 03

マルシェで家族といるところをキャッチ。「数ヶ月前にパリから引越してきたばかりなの。ブリュッセルは、パリの文化に似ているけど、自然がいっぱいあって、とても住みやすいわ」

最後に住み着いたのが、ブリュッセル
ルパートさん［60代］ ♥ 04

ニュージーランド出身で、いろんな国に住んだ経験があるルパートさん。
「ブリュッセルには12年住んでいるよ。ロンドンと似ていて、カルチャーコミュニケーションがあるところがいいね」

生まれてからずっとブリュッセル在住
コランさん［40代］ ♥ 05

お風呂で本を読むことと、おいしいもの、料理が好きなコランさん。
「ブリュッセルは、キレイすぎないところが居心地いい。車や電車で1時間ぐらいでいろんな国に行けるのもいいよね」

どんな国の人でも受け入れてくれる懐の深さ
エヴァさん・ベロシュカさん［70代］ ♥ 06

18才でハンガリーからブリュッセルに越して来た、おさななじみの2人。
「人はやさしいし、いろんな国の人がいて住みやすいところ。ただ、最近の若者が働かないのはよくないわね」

～ ブリュッセルの暮らし ～
ブリュッセロワお気に入り
地元で愛される、とっておきの場所

ブリュッセロワに、おすすめのスポットを聞いてみました。
教えてくれたマーケット、公園、DIYショップ、ジャズイベントは、
どこも地元の人たちに大人気のスポットです。

MARCHÉ　　　PARC　　　DIY　　　JAZZ

ワインバーやフードも充実
サンジールのマーケット

　ブリュッセルのマルシェのなかでも人気を誇るマーケットがここ。月曜の夜は、マルシェがバーがわり。「これからサンジールのマルシェに行く」と言うと、「ワインを飲みに行くんだね！」と言われるぐらい、フードエリアが充実しています。トルコ料理やタイフードなどの多国籍な惣菜が並ぶマルシェ内には、テーブルとイスが並べられたカフェエリアが。ワインやビールを飲みながら家族や友達と休日を満喫する地元の人たちの姿がいっぱい。ここはぜひ、地元の人に混ざって一杯飲んでおきましょう。

【Marché de Saint-Gilles（Map Page.7-㊵）】
Place Van Meenen, Saint-Gilles
月曜 13：00～19：00

行くなら土曜日がおすすめ
ストッケルのマルシェ

　グルメなブリュッセロワがこぞって出かけるのがここ。まずは、名物の焼きたてワッフルを買い、食べ歩きしながら市場散策しましょう。ここでしか買えない「Jean Gaston（ジャン・ガストン）」のワッフルはブリュッセルで一番のおいしさ。"カリッ、ふわっ"の食感を是非一度味わって。オリーブにキッシュなど、ほかのマルシェと比べるとどこか洗練された雰囲気の店が多く、どこの店もハズレなし！手作りヨーグルトの「Ferme des 12 Bonniers（フェルム・デ・ドゥーズ・ボニエ）」は土曜のみの出店です。

【Marché de Stockel（Map Page.7-⑭）】Place Dumon, 1150 Bruxelles　火・金・土曜 8：00〜13：00

1番の地下鉄「ストッケル」行きの終点。駅の壁画は『タンタン』です。

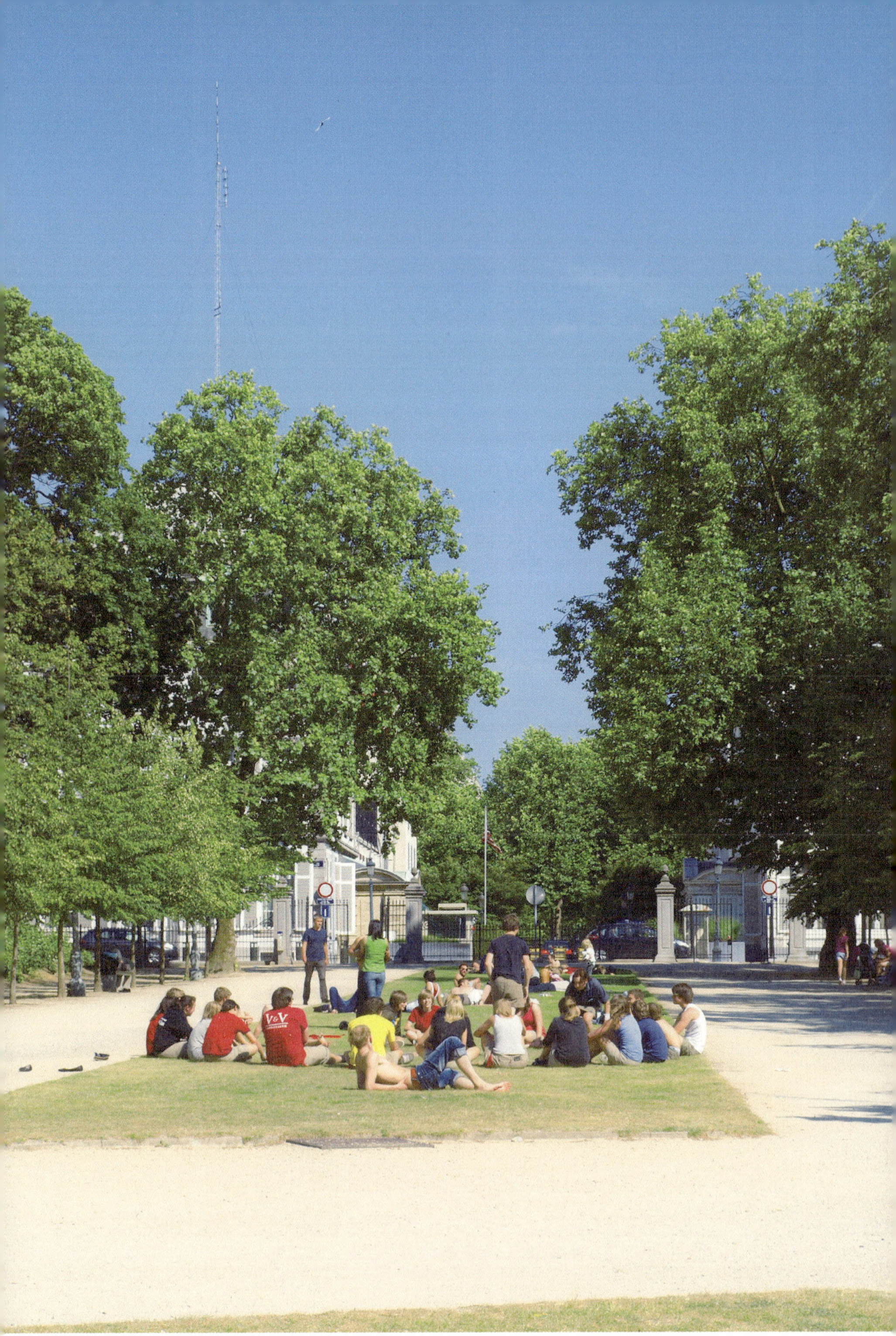

公園は自分の庭がわり
市民の憩いとレジャーの場所

　ブリュッセルは、面積の1／4が森林や公園という緑の街。道路脇の芝生でも、日陰が全くなくても、ところかまわずくつろぐ人たちを見るたびに「ベルギー人は芝生を見ると寝転がりたくなる習性があるの！?」と思ってしまいます。

　特に、王宮のすぐ向かいにあるブリュッセル公園は、市民に愛される憩いの場。もともとブラバン公爵の所有地で、1830年にはベルギー革命軍とオランダ軍の戦争の舞台にもなった場所ですが、今は平和そのもの。日光浴をしたり、まるで自分の庭のように自由に過ごしています。

【Parc de Bruxelles（Map Page.6-75）】

何が書いてあるのか読めないほど、風合いを増した看板に、歴史を感じます。

自分の手を加えることで
家や物に命が吹き込まれる

　ヨーロッパでは、家を自分でメンテナンスしながら大切に住むことが美徳とされていますが、中でもベルギー人のDIY好きは有名です。それは「ベルギー人はレンガを抱いて生まれてくる」と言われるほど。自分で何かを作るのはもちろん、何度もリユースできるレンガのように、古いものを大切にして使い続ける精神がDNAに刻み込まれているかのようです。
　そんなベルギー人にとって、DIYショップやアンティークショップは訪れるだけでわくわくする場所。種類豊富なパーツには驚かされます。

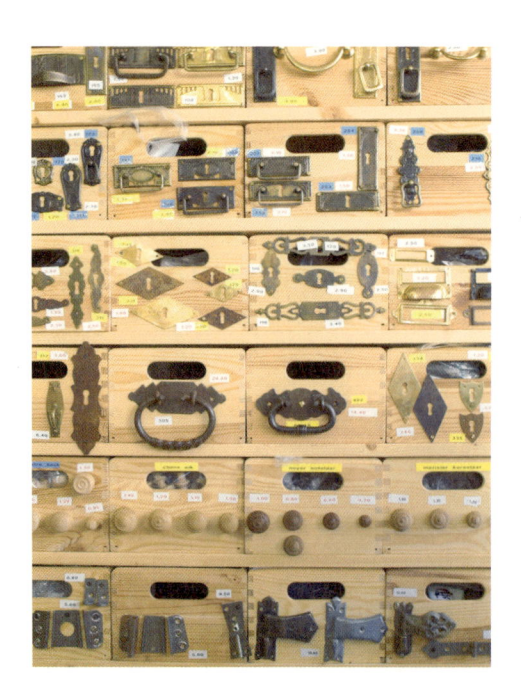

BRICO（ブリコ）
道具やパーツなどDIYに必要なものが何でも揃う、いわゆるホームセンター。
Anspachlaan 43-45 1000 Bruxelles
TEL：02 209 60 50　9：00〜20：00
日曜休み　Map Page.5-㊆

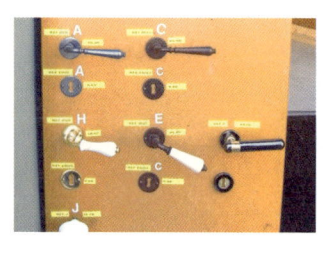

Le Comptoir（ル・コントワール）
取っ手パーツの品揃えは、間違いなくブリュッセルで一番！
114 rue Blaes 1000 Bruxelles
TEL：02 511 23 47　11：00〜17：30
月曜休み　Map Page.6-㊆

stefantiek（ステファンティーク）
1200㎡という広い店内に、アンティークの家具と雑貨がぎっしり。
Place de la Chapelle 6 1000 Bruxelles
TEL：02 540 8142　10：00〜18：00
無休　Map Page.6-㊆

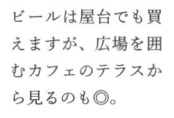

ビールは屋台でも買えますが、広場を囲むカフェのテラスから見るのも◎。

街中がジャズに包まれる年に1度の「ジャズマラソン」

　夏に世界的なテクノフェスティバルが開催されるベルギーはテクノファンには有名な国ですが、若者から年配者まで、多くのベルギー人に人気があるのが「ジャズ」です。

　5月にブリュッセルで開催される「ジャズマラソン」は、グランプラスやサブロン広場、サンカトリーヌ広場のほか、たくさんの広場やカフェ、ギャラリーなど街のいたるところでジャズイベントやコンサートが開かれるお祭りです。150以上のライブがあり、屋外はすべて無料。「ミニマラソン」という子供の演奏や、ワークショップを楽しむスペースもあります。

【Brussels Jazz Marathon】www.brusselsjazzmarathon.be

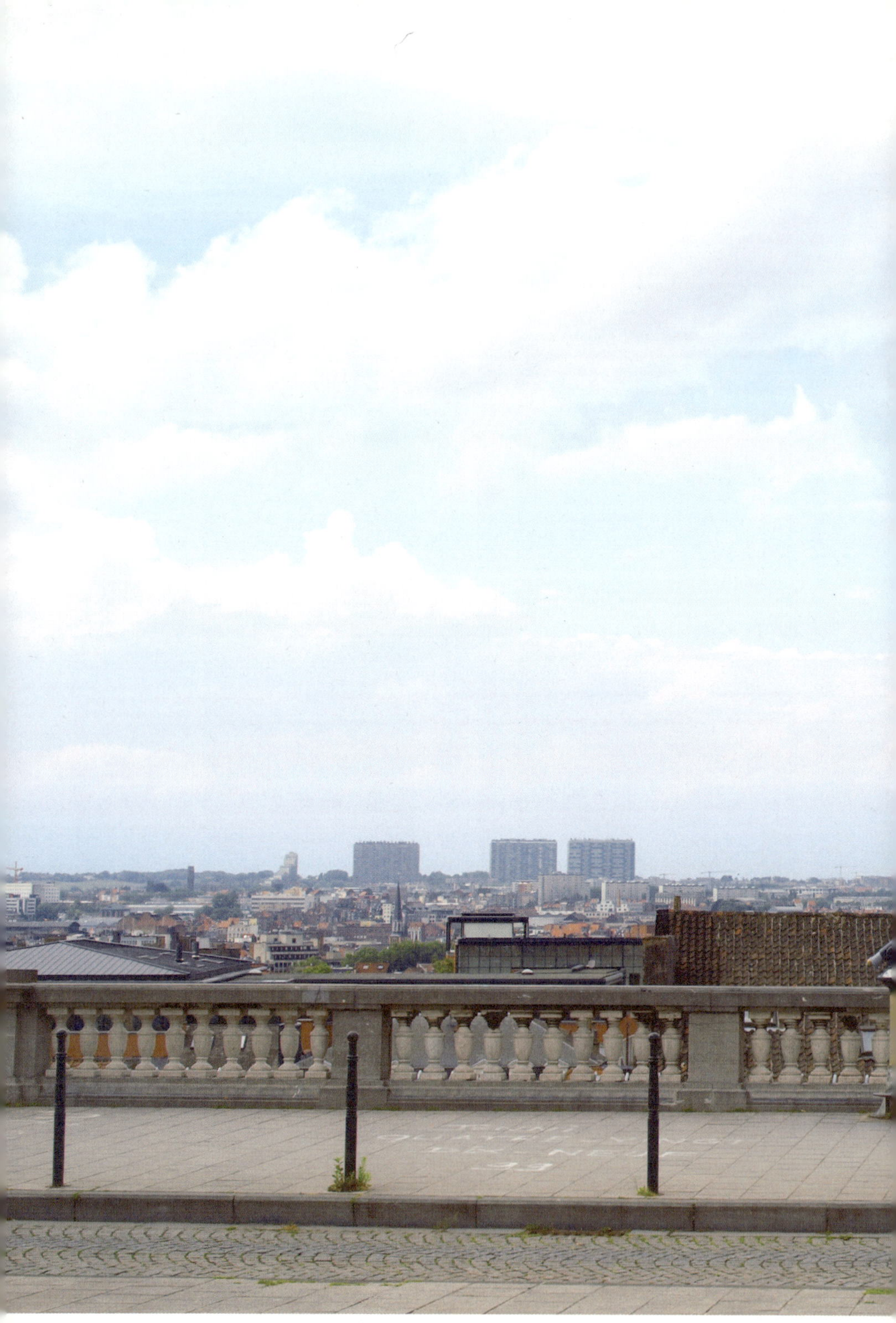

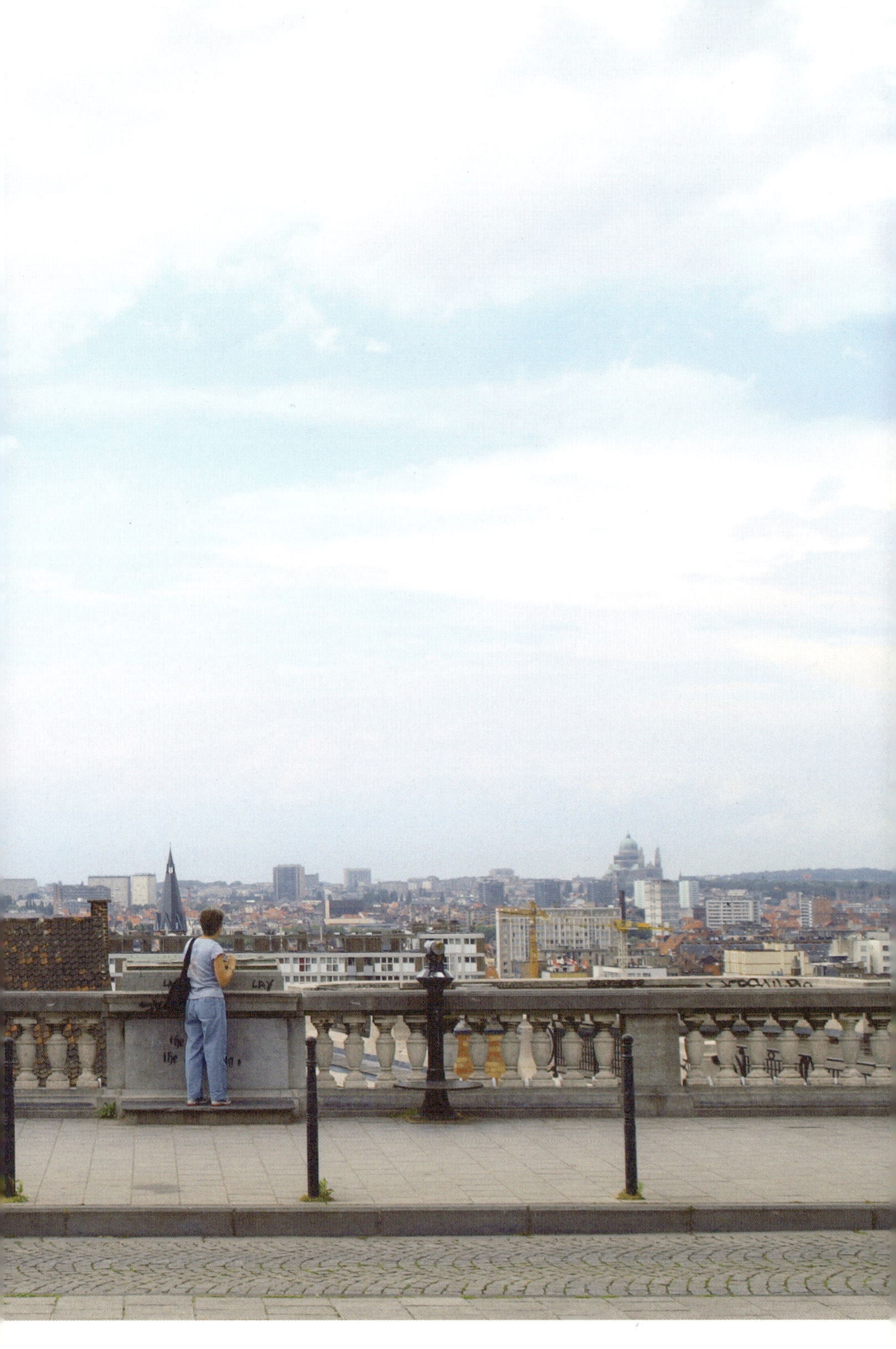

おわりに

　いつも、ブリュッセルへの旅の計画は飛行機を選ぶところからはじまります。直行便がないので、どの乗り継ぎ便にするか考えるのも楽しみのひとつ。今回の旅で利用したトルコ航空は、成田からブリュッセルまで週に6便、関空からは週に5便が就航しているので、旅の計画が立てやすく、イスタンブールでの乗換もスムーズ！そして、さすが世界三大料理の国だけあって機内食のおいしさはピカイチで、映画などのエンターテイメントやアメニティも充実！アジアとヨーロッパの狭間であるイスタンブール経由、というのも旅心を盛りあげてくれました。

　ブリュッセルへ"暮らすように旅する"ようになってから、馴染みの場所がたくさんできました。それでも、訪れるたびに「まだまだ知らないブリュッセルがある」と感じます。それは、ブリュッセルの"間口は狭くても奥が深い"という住宅のつくりに似ています。その奥に何があるのかが知りたくて、街中を歩きまわる日々……。そうして出会ったブリュッセルの姿を、ようやく1冊の本にすることができました。

　ベルギー観光局ワロン・ブリュッセルの局長ダミアンさんと高橋さんには本当にお世話になり、感謝してもしきれません。編集の福永さん、デザイナーの増田さん、わたしたちの我が儘に辛抱強くお付き合いくださり、素敵な本に仕上げてくださってありがとうございました。そして、この本を手に取ってくれたみなさんといっしょに、ベルギービールで乾杯したい気持ちでいっぱいです。

　　　　　　　　　　　　　　　　auk　赤木真弓　佐々木素子

トルコ航空に乗ってブリュッセルへGO!

auk（オーク）
赤木真弓　佐々木素子

それぞれフリーランスのライター・編集者として、暮らしまわりの書籍や雑誌等で活動する、赤木真弓と佐々木素子によるユニット。「auk」はアイスランド語で8月という意味。いろんな国を訪れ、蚤の市や食べ歩きを楽しむのが好き。ここ数年はベルギーとオランダをめぐり、雑誌の記事や本作りを行っています。著書に『オランダトラベルブック』（東京地図出版）。
ブログ http://auk8.exblog.jp/

私のとっておき30
ベルギー・ブリュッセル　クラシックな街歩き

2011年11月10日　第一刷発行
2014年11月10日　第二刷発行

著　者：auk（赤木真弓・佐々木素子）
撮　影：auk（赤木真弓・佐々木素子）
地　図：小島崇嗣
協　力：ベルギー観光局ワロン・ブリュッセル www.belgium-travel.jp
　　　　トルコ航空　www.turkishairlines.com/ja-JP
ブックデザイン：増田菜美（66 DESIGN）

発　行：株式会社産業編集センター
〒112-0011 東京都文京区千石4-17-10
TEL 03-5395-6133　FAX 03-5395-5320

印刷・製本：大日本印刷株式会社
©2011 Mayumi Akagi, Motoko Sasaki Printed in Japan
ISBN978-4-86311-063-2　C0026

本書記載の情報は2011年6月現在のものです。
本書掲載の写真・文章を無断で転記することを禁じます。
乱丁・落丁本はお取り替えいたします。